MARTINA KITTLER

# 20 minuten
## sind genug!
### vegetarisch

MARTINA KITTLER

# 20 minuten
## sind genug!
### vegetarisch

Über **120** schnelle
Rezepte aus der
frischen Küche

Fotografie: Jörn Rynio

**6 VEGETARISCHES IN BESTZEIT** *Das kann mühelos gelingen, wenn man ein paar Dinge berücksichtigt: die Auswahl der Zutaten, das praktische Zubehör und das Zeitmanagement – schon kann gespeist werden.*

**10 GENUSS AUS EINEM TOPF** *In der Kürze liegt die Würze – auch bei feinen Suppen, deftigen Eintöpfen, Risotto, Curry oder Pilaw: Löffel für Löffel ein grenzenloses Vergnügen.*

**30 AUS PFANNE UND WOK** *Hier wird gerührt, gebraten, gewirbelt – und Gemüse bunt gemischt. Mit Basics aus dem Vorrat, mit Tofu und Kräutern, Couscous, Nudeln, Reis oder Weizen. Das ist raffinierte Blitzküche!*

**48 SATTMACHER-SALATE** *Schüssel-Erlebnisse mit Knackig-Frischem aus Bohnen, Linsen, Gnocchi und Nudeln - ideal für den großen Appetit. Mit Vinaigrette, Joghurt- oder Asia-Dressing: Da mischt jeder gerne mit!*

**66 FÜR DEN KLEINEN HUNGER** *Wenn es fix ein herzhafter Imbiss sein soll: Von internationalen Brotvarianten wie Bagel und Burger, Wraps, Pizza und Toast bis zu Eier- und Käse-Genüssen haben Sie die Qual der Wahl!*

**86 NUDEL-GLÜCK** *Von Spaghetti bis Penne, von Ravioli bis Tagliatelle – schmackhafte Saucen bringen den Pasta-Fan ins Schwärmen. Mal scharf, mal mild, mal pikant, mal nussig, geben sie bei der Würze den Ton an.*

**104 KARTOFFELN IM NU** *Goldene Zeiten für tolle Knollen: Ob kross gebratene oder geschmorte Kartoffeln, Püfferchen, Rösti oder Gemüse-Gnocchi – darauf sind alle heiß. Und im Einstieg Blitzrezepte für Kartoffelpüree.*

**122 SÜSSES ZUM SATTESSEN** *Schnell eine vollständige Mahlzeit für Leckermäuler mit frischen Früchten à la Saison, kombiniert mit Quark, Müsli, Milchreis, Pfannkuchen und Co.: süßes Finale mit pfiffigen Ideen.*

140 Rezept- und Sachregister
144 Impressum

# vegetarisches in bestzeit

*Vegetarisch zu essen heißt nicht, lange in der Küche zu stehen! Auch wir möchten schnell mal etwas Feines genießen – ob herzhaften Linsen-Eintopf, knackiges Pfannengemüse oder ofenheißen Crumble.*

Schnell vegetarisch kochen, das heißt nicht: Spiegeleier braten oder zur Dose greifen. Wir haben eine bessere Idee: richtig kochen, mit Köpfchen, Spaß und unseren fixen Rezepten zum Zeitsparen!
Hilfe gibt es im Supermarkt mit jeder Menge vorgefertigter Produkte. Und wir sorgen dafür, dass sich daraus, mit Frischem kombiniert, ganz schnell raffinierte Gerichte zaubern lassen.

Wir haben uns über 120 Rezepte für zwei Personen einfallen lassen. Und versprechen: Alles kommt mühelos in maximal 20 Minuten auf den Tisch – auch die Pizza! Und falls es mal für Vier reichen soll – kein Problem: die Mengen entsprechend erhöhen und ein paar Minuten mehr für die Zubereitung einplanen.

# zeit sparen in der blitzküche

*Nur keine Hektik! Schnell und gekonnt ein gutes Essen auf den Tisch zu bringen, das bedeutet auch mehr Zeit zum Genießen. Wer klug plant und gezielt einkauft, mit Know-how und mit Unterstützung moderner Küchentechnik kocht, kann eine Menge Zeit sparen.*

### Den Einkauf organisieren

Ein Zettel, auf dem alle Lebensmittel in der Reihenfolge aufgelistet sind, wie man sie im Supermarkt findet, erspart lästiges Zick-Zack-Laufen. Sollte eine wichtige Zutat nicht erhältlich sein – flexibel bleiben und auf ein alternatives Produkt ausweichen. Sind beispielsweise keine Shiitakepilze im Angebot, können Sie stattdessen Egerlinge nehmen. Romanesco lässt sich ohne weiteres durch Blumenkohl oder auch Brokkoli eventuell in der TK-Variante ersetzen.

### Zutaten clever auswählen

Küchenfertige Produkte (Gemüse, Obst und Kräuter aus der Tiefkühltruhe) und gegarte Lebensmittel (Rote Beten aus dem Vakuumpack, Tomaten und Hülsenfrüchte in Dosen) ersparen lange Vorbereitungen und ermöglichen es, mit wenigen Handgriffen schmackhafte Genüsse auf den Tisch zu zaubern. Auch halbfertige Kartoffel- (Gnocchi, Schupfnudeln, Kloß- und Pufferteig) und Nudelprodukte (Frischeinudeln, Spätzle) aus dem Kühlregal sind eine willkommene Hilfe, wenn es schnell gehen muss.

### Das Kochen gut planen

Wer die Arbeit richtig einteilt, spart Zeit. Erst das Nudelwasser aufsetzen oder den Ofen vorheizen. Dann Sauce oder Pizzabelag vorbereiten. Während die Pellkartoffeln kochen, wird z. B. der Kräuter-Dip gemixt.

### Moderne Küchengeräte einsetzen

Schneiden, mixen und pürieren – das erledigen elektrische Küchenhelfer wie Handrührgerät und Stabmixer flotter. Auch bei »Handarbeit« lässt sich Zeit einsparen mit Kleingeräten wie Multi-Gemüsehobel, Knoblauchpresse und Blitzhacker.

### Deckel auf den Topf

Ein Liter Wasser braucht 7–10 Minuten, bis er kocht. Ohne Deckel kann es doppelt so lange dauern und kostet auch die doppelte Energie. Noch schneller und preiswerter geht's im Wasserkocher.

# VORRÄTE

*Schnelle Küche – was nützt sie, wenn der Einkauf sehr viel Zeit in Anspruch nimmt? Wer clever ist, sorgt vor und legt sich einen Vorrat an geeigneten Produkten an, aus dem er sich zum Kochen bequem bedienen kann. So gelingt die schnelle Küche.*

## IM VORRATSSCHRANK

... sollten Schnellkoch-Reis, Bulgur, Couscous, Nudeln aller Art, Nüsse und Kartoffelprodukte wie Püree »trocken« gelagert werden. Und natürlich Dosen mit Hülsenfrüchten (Linsen, Bohnen, Kichererbsen), Mais, Tomaten, einige Sauer- und Obstkonserven.

## IM KÜHLSCHRANK

... lassen sich Eier, Milch und Milchprodukte sowie Reibekäse kurze Zeit aufbewahren. Angebrochene Gläser, z. B. Pesto, Senf, Ajvar, Kapern, halten sich hier mindestens 3–4 Wochen, auch Tofu und Käse im Vakuumpack. Feste Gemüse bleiben im Gemüsefach einige Tage frisch.

## IM GEWÜRZREGAL

... ein Muss: Salz, Pfeffer, Paprika & Co., Kräuter (Rosmarin, Thymian), Gewürzmischungen (Curry, Chilipulver), körnige Gemüsebrühe und Sojasauce.

## IM TIEFKÜHLGERÄT

... bunkert man Gemüse (Brokkoli, Spinat, Bohnen, Erbsen) und Gemüsemischungen, Kräuter, Früchte (Beeren, Kirschen) und Kartoffelprodukte.

# KÜCHENGERÄTE

*Wer blitzschnell kochen und braten will, braucht beste Zutaten und perfekte Küchenhelfer, damit alles flink von der Hand geht – wie beim Profi!*

## GEMÜSEHOBEL

Die Stärke dieses Küchengeräts: V-förmiges Messer und superscharfe Klingen-Einsätze zum Austauschen. Damit schneidet man Gemüse und Kartoffeln in gleichmäßig dünne Scheiben, Stifte oder Würfel. Ein Restehalter schützt die Hand vor Verletzung.

## EIN SOLIDER KOCHTOPF

... sollte einen starken Boden und einen dicht schließenden Deckel haben, damit die Wärme gut gespeichert und gleichmäßig bis an den Rand verteilt wird. Das spart Energie und Zeit.

## PÜRIERSTAB

Der unentbehrliche Spezialist mixt, püriert, lockert und schlägt. Ist in Sekundenschnelle einsatzbereit.

## ROHKOSTREIBEN

... gibt es mit grober oder ganz feiner Reibefläche. Ideal, um Möhren, Äpfel, Parmesan, Zitrusschale, Ingwer, Muskat, Schokolade zu reiben.

## ALLESKÖNNER-PFANNEN

... sollten beschichtet sein und aus Aluguss mit schnittfester Oberfläche. Am besten ist es, eine große und eine kleine zu haben. Darin kann man mit wenig Fett bei starker Hitze brutzeln. Und auch empfindliche Speisen wie Omeletts und Pfannkuchen braten, weil nichts am Boden haften bleibt. Eine antihaftbeschichtete Wok-Pfanne lässt sich mit einer Hand halten und ermöglicht ein wirbeliges Rührbraten, ohne dass etwas über den Rand hüpft.

# GENUSS
# AUS EINEM TOPF

# IN 20 MINUTEN FERTIG

*Hier gibt es schnell viel Geschmack. Dafür sorgen die richtigen Zutaten, nur kurz gekocht: zeitsparende Instant-Brühe; Gemüse aus Dosen oder TK-Packungen; Dinkel, Reis und Bulgur als Kurzzeitgarer, dazu Kräuter und Gewürze fürs Aroma.*

## SCHNELLE EINLAGEN

Sie geben Suppen und Eintöpfen im Nu Gehalt und machen satt: Suppennudeln, schnell garender Reis, Eierflädle, fertige Pfannkuchen, gefüllte Nudeln, TK-Grießklößchen und Backerbsen.

## RESTE EINFRIEREN

Eine halbe Dose Bohnen oder Linsen ist übrig geblieben? Am besten für den nächsten Eintopf einfrieren. Übrigens: Tomaten, Mais, Kokosmilch etc. gibt es jetzt auch in kleinen Konserven!

## GEMÜSEBRÜHE FÜR DEN VORRAT

Ausnahmsweise nicht blitzschnell, aber später eine Riesen-Zeitersparnis: die selbstgekochte Gemüsebrühe! Und wenn man gleich mehr davon kocht, lohnt es sich wieder. Für 1 ½–2 l Brühe 1 kg Möhren, Knollensellerie oder Petersilienwurzeln und Lauch waschen, putzen oder grob zerkleinern, in einen großen Topf geben, 2 l Wasser dazugießen, salzen, pfeffern und ca. 45 Minuten kochen lassen. In den letzten 15 Minuten 5 Stängel Petersilie mitkochen. Abgießen, abschmecken und in gefriertauglichen Gefäßen à 250–500 ml abkühlen lassen. Bis zu 3 Monate einfrieren.

# turboschnelle toppings

### ORANGEN-GREMOLATA

Für 2 Personen 1 EL gehobelte Mandeln ohne Fett in einer Pfanne rösten. Etwas abkühlen lassen, dann fein hacken. ½ rote Chilischote waschen, putzen und in winzige Würfel schneiden. Die Blätter von 4 Stängeln Petersilie fein hacken. Alle Zutaten mit 1 TL abgeriebener Bio-Orangenschale mischen.

### PISTAZIEN-PISTOU

Für 2 Personen die Blätter von 2 Stängeln Basilikum grob zerzupfen. Mit 30 g Pistazienkernen und ½ TL Meersalz im Blitzhacker fein zerkleinern, dabei nach und nach 3 EL Olivenöl untermixen. Paste mit ¼ TL abgeriebener Bio-Zitronenschale und Pfeffer würzen.

### KRÄUTER-KNOBLAUCH-CROÛTONS

Für 2 Personen 2 Scheiben Toastbrot in Würfel schneiden. 1 Knoblauchzehe schälen und fein würfeln. 2 EL Olivenöl in einer Pfanne erhitzen und Brotwürfel, Knoblauch und 1 EL gehackte Kräuter (z. B. Rosmarin, Thymian) darin bei mittlerer Hitze 5–7 Min. rösten. Mit Salz würzen.

RAFFINIERT

# polenta-pilz-suppe

1 kleine Zwiebel
1 Knoblauchzehe
2 EL Olivenöl
1 EL Butter
50 g TK-Suppengrün
400 ml Gemüsefond (Glas) oder -brühe
2 TL frische Thymianblättchen
4 EL Instant-Polenta
100 g Steinpilze oder Kräuterseitlinge
Salz | Pfeffer
1 TL Aceto balsamico
30 g gehobelter würziger Hartkäse (Kühlregal)

Für 2 Personen
Pro Portion ca. 290 kcal, 11 g EW, 19 g F, 18 g KH

1 Zwiebel und Knoblauch schälen und hacken. In einem Topf 1 EL Olivenöl und die Butter erhitzen. Zwiebel, Knoblauch und Suppengrün darin 3 Min. dünsten. Fond oder Brühe sowie 200 ml Wasser dazugießen und alles bei großer Hitze aufkochen lassen.

2 Den Thymian unterrühren. Die Polenta unter Rühren einrieseln und bei milder Hitze 1–2 Min. kochen lassen, dann ohne Hitzezufuhr zugedeckt 5 Min. quellen lassen.

3 Inzwischen die Pilze putzen, abreiben und in dicke Scheiben schneiden. Das übrige Öl in einer Pfanne erhitzen und die Pilze rundum 3–4 Min. braten.

4 Die Suppe salzen, pfeffern und mit den Pilzen anrichten. Mit Essig beträufeln. Mit dem Käse bestreuen.

PIKANT GEWÜRZT

# tomaten-chili-suppe

1 kleine Zwiebel
1 rote Chilischote
2 EL Olivenöl
1 EL Tomatenmark
1 Dose stückige Tomaten (400 g)
400 ml Gemüsebrühe
Salz | Cayennepfeffer
½ reife Avocado
2 TL Limettensaft
2 EL Sahne
1 EL Schnittlauchröllchen

Für 2 Personen
Pro Portion ca. 300 kcal, 4 g EW, 27 g F, 7 g KH

1 Die Zwiebel schälen und klein würfeln. Die Chilischote waschen, von Samen und Trennwänden befreien und in Ringe schneiden.

2 Das Öl in einem Topf erhitzen, Zwiebel und Chili darin bei milder Hitze 2 Min. dünsten. Tomatenmark, Tomaten und Brühe dazugeben, alles aufkochen und bei milder Hitze 5 Min. garen. Die Suppe fein pürieren und mit Salz und Cayennepfeffer scharf würzen.

3 Während die Suppe kocht, die Avocado schälen, in kleine Würfel schneiden und mit dem Limettensaft beträufeln. Die Sahne auf die Suppe geben, mit einem Löffelstiel spiralförmig verziehen. Die Suppe mit Avocado und Schnittlauch bestreuen.

**SCHÖN DAZU** Tortilla-Chips oder Ciabatta

AROMA-KNÜLLER
# sahnige pilzsuppe

200 g gemischte Pilze (z. B. Champignons,
   Egerlinge, Kräuterseitlinge)
1 Knoblauchzehe
1 EL Butter
5 g getrocknete Steinpilze
400 ml Gemüsefond (Glas) oder -brühe
75 g Sahne
Salz | Pfeffer
frisch geriebene Muskatnuss
1–2 TL Zitronensaft
3–4 Stängel Petersilie

Für 2 Personen
Pro Portion ca. 195 kcal, 5 g EW, 16 g F, 4 g KH

**1** Die Pilze putzen, 2–3 Stück zum Garnieren beiseitelegen, die übrigen würfeln. Den Knoblauch schälen und fein würfeln. Die Butter in einem Topf zerlassen, Pilze und Knoblauch darin 2–3 Min. andünsten. Die getrockneten Steinpilze dazugeben. Den Fond oder die Brühe dazugießen. Die Suppe aufkochen lassen und bei mittlerer Hitze 10 Min. garen.

**2** Die Suppe mit dem Pürierstab oder im Mixer fein pürieren. Die Sahne einrühren und die Suppe noch einmal kurz aufkochen lassen. Anschließend mit Salz, Pfeffer, Muskat und Zitronensaft würzen.

**3** Die übrigen Pilze in feine Scheiben schneiden. Die Petersilie waschen, trocken schütteln, die Blättchen abzupfen und hacken. Die Suppe auf tiefen Tellern anrichten. Pilze und Petersilie darüberstreuen und alles mit Pfeffer übermahlen.

ERFRISCHEND
# grüner gazpacho

4 Scheiben Toastbrot
200 ml Gemüsefond (Glas)
1 Bio-Salatgurke (ca. 500 g)
2 Frühlingszwiebeln
1 hellgrüne Spitzpaprikaschote
5 EL Olivenöl
2 EL Weißweinessig
Salz | Pfeffer
1 Knoblauchzehe (nach Belieben)

Für 2 Personen
Pro Portion ca. 380 kcal, 5 g EW, 27 g F, 26 g KH

**1** Drei Scheiben Toastbrot in dem Fond einweichen. Die Gurke gut waschen und abtrocknen. Die Gurke von den Enden befreien, längs halbieren und die Kerne mit einem Löffel herausschaben. Das Fruchtfleisch bis auf ein Stück von ca. 5 cm in Würfel schneiden. Die Frühlingszwiebeln waschen, putzen, dabei das dunkle Grün entfernen, und in feine Ringe schneiden. Die Paprika putzen, waschen und klein schneiden.

**2** Das Toastbrot samt der Einweichflüssigkeit in den Mixer geben. Gemüse, Olivenöl und Essig dazugeben und alles 30 Sek. kräftig pürieren. Den Gazpacho nach Geschmack salzen und pfeffern. Nach Belieben den Knoblauch schälen und dazupressen.

**3** Das übrige Toastbrot und die beiseite gelegte Gurke in kleine Würfel schneiden. Den Gazpacho auf gut gekühlte Suppenteller verteilen und mit den Toast- und Gurkenwürfeln bestreuen.

**AUCH SCHÖN** Für einen roten Gazpacho die Gurke durch 1 Dose stückige Tomaten (400 g Inhalt) ersetzen.

AUS DEM VORRAT

# minestrone mit reis

700 ml Gemüsebrühe
1 kleine Zwiebel
1 EL Olivenöl
1 Knoblauchzehe
300 g TK-Suppengemüse
125 g weiße Bohnen (Dose)
4 kleine Strauchtomaten
125 g Express-Reis (½ Beutel)
Salz | Pfeffer
2 EL Basilikum-Pesto (Fertigprodukt)

Für 2 Personen
Pro Portion ca. 330 kcal, 12 g EW, 14 g F, 37 g KH

1  Die Gemüsebrühe erhitzen. Die Zwiebel schälen und fein würfeln. Das Öl in einem Topf erhitzen, die Zwiebel darin glasig dünsten. Den Knoblauch schälen und dazupressen. Mit der heißen Brühe aufgießen, das TK-Gemüse dazugeben, aufkochen und zugedeckt bei milder Hitze 10 Min. kochen lassen.

2  Inzwischen die Bohnen in ein Sieb abgießen, unter kalten Wasser abbrausen und abtropfen lassen. Die Tomaten waschen und vierteln.

3  Bohnen und Tomaten mit dem Reis in die Suppe rühren und 2 Min. leise kochen lassen. Die Minestrone mit Salz und Pfeffer würzen. In tiefe Teller füllen und mit dem Pesto servieren.

TIPP  Den übrigen Express-Reis im Beutel nicht lange aufheben. Am besten gleich am nächsten Tag eine turboschnelle Gemüse-Reispfanne einplanen, z. B. die Risi-Bisi-Reispfanne auf S. 44.

MIT ORIENTALISCHER NOTE

# kürbis-linsen-eintopf

300 g Hokkaido-Kürbis
1 rotschaliger Apfel
½ l Gemüsebrühe
1 EL Rapsöl
Salz | Pfeffer
1 TL gemahlener Kreuzkümmel
1 TL rosenscharfes Paprikapulver
50 g rote Linsen
200 g Räuchertofu (Reformhaus)
1 EL Tomatenmark
½ Bund Schnittlauch

Für 2 Personen
Pro Portion ca. 350 kcal, 24 g EW, 16 g F, 26 g KH

1  Den Kürbis waschen, in 1 ½ cm breite Spalten schneiden, entkernen und dann in Stücke schneiden. Den Apfel waschen, vierteln, entkernen und ebenfalls in Stücke teilen. Die Brühe erhitzen.

2  Das Öl in einem breiten Topf erhitzen. Kürbis und Apfel darin 2–3 Min. andünsten. Mit Salz, Pfeffer, Kreuzkümmel und Paprikapulver würzen. Die heiße Brühe dazugießen. Die Linsen dazugeben, alles aufkochen und zugedeckt bei milder Hitze 7–8 Min. garen.

3  Inzwischen den Räuchertofu in Würfel schneiden. Mit dem Tomatenmark in den Eintopf geben und 3 Min. mitgaren. Den Kürbistopf mit Salz und Pfeffer abschmecken und auf Teller verteilen. Schnittlauch waschen, fein schneiden und darüberstreuen.

AUCH SCHÖN  Für mehr Schärfe den fertigen Eintopf mit 1/2 TL Harissa (Chilipaste aus Nordafrika; ersatzweise Sambal Oelek) würzen und auf jede Portion 1 Klecks Sahnejoghurt geben.

# tortelloni in kokosbrühe

450 ml Gemüsebrühe
200 ml Kokosmilch (Dose)
1 Stängel Zitronengras
1 walnussgroßes Stück Ingwer
1 getrocknete rote Chilischote
200 g Spinat-Ricotta-Tortelloni (Kühlregal)
100 g Shiitakepilze (ersatzweise Egerlinge)
125 g Kirschtomaten
Salz | Pfeffer
½ Bund Koriandergrün

Für 2 Personen
Pro Portion ca. 420 kcal, 13 g EW, 21 g F, 39 g KH

1   Die Brühe mit der Kokosmilch in einem Topf aufkochen. Das Zitronengras waschen, die unteren 10 cm mit einem Messerrücken flach drücken. Den Ingwer schälen und in Scheiben schneiden. Zitronengras, Ingwer und Chilischote in die Brühe geben. Die Tortelloni dazugeben und bei schwacher Hitze 4 Min. garen.

2   Inzwischen die Shiitake abreiben, von den Stielen befreien und die Kappen in Scheiben schneiden. Die Tomaten waschen und halbieren.

3   Pilze und Tomaten in die Brühe geben, kurz aufkochen lassen, salzen und pfeffern. Das Koriandergrün abbrausen, trocken schütteln, die Blätter abzupfen und grob hacken. Die Suppe anrichten und mit dem Koriandergrün bestreuen.

---

LEICHT WIE DER FRÜHLING

# asia-nudelsuppe mit tofu

1 haselnussgroßes Stück Ingwer
1 Knoblauchzehe
3 Frühlingszwiebeln
200 g grüner Spargel
1 EL Erdnuss- oder Rapsöl
600 ml Gemüsebrühe
50 g Instant-Wok-Nudeln
100 g TK-Erbsen
120 g fester Tofu
2–3 EL helle Sojasauce
Salz | Pfeffer

Für 2 Personen
Pro Portion ca. 280 kcal, 16 g EW, 9 g F, 31 g KH

1   Den Ingwer und den Knoblauch schälen und fein hacken. Die Frühlingszwiebeln waschen, putzen, das dunkle Grün entfernen, die Zwiebel schräg in 2–3 cm lange Stücke schneiden. Den Spargel von den holzigen Enden befreien, die Stangen im unteren Drittel schälen, dann schräg in dünne Scheiben schneiden.

2   Das Öl in einem Topf erhitzen. Ingwer, Knoblauch, Frühlingszwiebeln und Spargel darin 2 Min. andünsten. Die Brühe, Wok-Nudeln und Erbsen hinzufügen, alles aufkochen und bei mittlerer Hitze 4 Min. kochen.

3   Inzwischen den Tofu in Würfel schneiden und in der Sojasauce marinieren. In die fertige Suppe geben und eben erhitzen. Mit Salz und Pfeffer würzen.

LIEBSTÖCKEL-WÜRZIG

# gemüse-eintopf mit semmelknödeln

450 g TK-Suppengemüse
200 g festkochende Kartoffeln
600 ml Gemüsebrühe
1 kleiner Zweig Liebstöckel
Salz | Pfeffer
frisch geriebene Muskatnuss
8 Mini-Semmelknödel (aus der Packung)
3–4 Stängel Petersilie

Für 2 Personen
Pro Portion ca. 185 kcal, 8 g EW, 3 g F, 32 g KH

1  Das TK-Gemüse in eine Schüssel füllen und antauen lassen. Die Kartoffeln schälen und in 1 ½ cm große Würfel schneiden.

2  In einem Topf die Brühe aufkochen lassen. Die Kartoffeln, das Gemüse und den Liebstöckel hinzufügen. Das Gemüse wieder zum Kochen bringen, den Deckel auflegen und alles bei mittlerer Hitze 10 Min. garen. Mit Salz, Pfeffer und Muskat würzen.

3  Die Semmelknödel in den Eintopf geben und den Eintopf offen bei schwacher Hitze weitere 5 Min. garen.

4  Inzwischen die Petersilie waschen, trocken schütteln, die Blätter abzupfen und hacken. Die Semmelknödel aus dem Eintopf heben und je 4 in tiefe Teller legen. Den Eintopf darüberschöpfen und mit der Petersilie bestreut servieren.

**AUCH SCHÖN**  Kein Liebstöckel im Angebot? Dann den Eintopf mit 1 EL flüssiger Suppenwürze abschmecken.

PREISWERT

# sauerkraut-topf mit flädle

300 g Sauerkraut (Dose)
1 Möhre
1 Zwiebel
1 EL Rapsöl
1 EL Tomatenmark
600 ml milde Gemüsebrühe
Salz | Pfeffer
2 TL Zucker
100 g Eierflädle (Kühlregal)
½ Bund Schnittlauch
2 EL saure Sahne

Für 2 Personen
Pro Portion ca. 240 kcal, 7 g EW, 13 g F, 22 g KH

1  Das Sauerkraut in einem Sieb abtropfen lassen, gut ausdrücken und grob hacken. Die Möhre schälen und in Scheiben schneiden. Die Zwiebel schälen, halbieren und in dünne Streifen schneiden.

2  In einem Topf das Öl erhitzen, die Zwiebel und die Möhre darin 2–3 Min. dünsten. Das Tomatenmark dazugeben und 1 Min. mitdünsten. Das Sauerkraut hinzufügen und die Brühe dazugießen. Die Suppe aufkochen und zugedeckt bei schwacher Hitze 10 Min. garen. Mit Salz, Pfeffer und Zucker würzen.

3  Die Flädle in die Suppe geben und bei schwacher Hitze 2–3 Min. erhitzen. Inzwischen den Schnittlauch abbrausen, trocken schütteln und in feine Röllchen schneiden. Den Eintopf in tiefen Tellern anrichten, je 1 Klecks saure Sahne daraufgeben und alles mit Schnittlauch bestreuen.

**AUCH SCHÖN**  Alternativ statt Flädle Spätzle aus dem Kühlregal nehmen.

FÜR MEXIKO-FANS

FÜR MEXIKO-FANS
# rote-bohnen-topf

1 kleine Dose Kidneybohnen (140 g Abtropfgewicht)
1 kleine Dose Maiskörner (140 g Abtropfgewicht)
3 Frühlingszwiebeln
1 Knoblauchzehe
1 EL Olivenöl
1 EL Chilipulver (Gewürzmischung)
1 Dose pikante Pizzasauce (Dose; 425 ml Inhalt)
200 ml Gemüsebrühe
Salz | Zucker
1 EL Limettensaft

Für 2 Personen
Pro Portion ca. 300 kcal, 13 g EW, 6 g F, 45 g KH

**1** Die Bohnen mit Mais in ein Sieb geben, unter fließendem kaltem Wasser abbrausen und abtropfen lassen. Die Frühlingszwiebeln waschen und putzen; die weißen Teile fein würfeln, die grünen Teile in dünne Ringe schneiden. Den Knoblauch schälen und hacken.

**2** Das Öl in einem Topf erhitzen. Zwiebelwürfel und Knoblauch darin andünsten. Die Bohnen und den Mais hinzufügen. Alles mit dem Chilipulver bestäuben und unter Rühren kurz andünsten. Die Pizzasauce und die Brühe unterrühren. Den Eintopf aufkochen und bei mittlerer Hitze 5 Min. kochen lassen. Mit Salz, Zucker und dem Limettensaft würzen.

**3** Den Bohnentopf auf tiefen Tellern anrichten. Mit dem Frühlingszwiebelgrün bestreuen und servieren.

INDISCH
# kartoffelcurry mit kichererbsen

1 Zwiebel
1 Knoblauchzehe
1 walnussgroßes Stück Ingwer
250 g festkochende Kartoffeln
1 EL Butterschmalz
300 ml Gemüsebrühe
1 EL Currypulver
140 g Kichererbsen aus der Dose (abgetropft)
250 g TK-grüne Bohnen
1 EL Rosinen
Salz | Pfeffer
1–2 TL Limettensaft
1–2 EL heller Saucenbinder
2 EL Sahnejoghurt

Für 2 Personen
Pro Portion ca. 350 kcal, 15 g EW, 11 g F, 48 g KH

**1** Die Zwiebel, den Knoblauch und den Ingwer schälen und fein würfeln. Die Kartoffeln schälen, waschen und in 1 cm große Würfel schneiden.

**2** Das Butterschmalz in einem Topf erhitzen. Zwiebel, Knoblauch, Ingwer und Kartoffeln darin 2 Min. dünsten. Gleichzeitig die Brühe erhitzen. Das Currypulver zu den Kartoffeln in die Pfanne geben und kurz mit braten. Die Brühe dazugießen, alles aufkochen lassen und zugedeckt 5 Min. garen.

**2** Inzwischen die Kichererbsen in ein Sieb abgießen, kalt abbrausen und abtropfen lassen. Mit den grünen Bohnen und den Rosinen unter die Kartoffeln mischen und weitere 5 Min. garen. Mit Salz, Pfeffer und Limettensaft würzen. Den Saucenbinder einrühren und das Curry noch einmal aufkochen. Vom Herd nehmen, den Joghurt unterrühren. Das Curry anrichten.

**SCHÖN DAZU** Bulgur oder 10-Minuten-Basmatireis

SCHMECKT AUCH KALT

# paprika-bulgur mit frischkäse-sticks

je 1 kleine rote und gelbe Paprikaschote
1 Schalotte | 2 EL Olivenöl | 100 g Bulgur
1 TL rosenscharfes Paprikapulver
200 ml Gemüsebrühe | 100 ml Tomatensaft
1 TL getrockneter Oregano
6 panierte Käse-Sticks (150 g; mit Frischkäse
   oder Mozzarella; Kühlregal)
Salz | Pfeffer

Für 2 Personen
Pro Portion ca. 510 kcal, 17 g EW, 22 g F, 57 g KH

1  Paprikaschoten halbieren, putzen, waschen und klein würfeln. Schalotte schälen und klein würfeln. In einem Topf 1 EL Öl erhitzen. Schalotte und Paprika darin 2–3 Min. anbraten. Bulgur hinzufügen, Paprikapulver darüberstäuben und kurz anschwitzen. Brühe und Tomatensaft dazugießen, Oregano einrühren, aufkochen und zugedeckt bei milder Hitze 10 Min. garen.

2  Inzwischen das übrige Öl in einer beschichteten Pfanne erhitzen, die Frischkäse-Sticks darin bei mittlerer Hitze 4–5 Min. braten, mehrmals wenden. Den Bulgur mit Salz und Pfeffer würzen und mit den Frischkäse-Sticks anrichten.

CREMIG ABGERUNDET

# gemüseragout mit weißen bohnen

300 g Mangold
200 g Möhren
2 EL Olivenöl
1 Knoblauchzehe
200 ml Gemüsebrühe
1 TL gehackter Thymian
1 Dose weiße Bohnen (250 g Abtropfgewicht)
2 EL Crème fraîche
2 EL geriebener Emmentaler (Kühlregal)
Salz | Pfeffer

Für 2 Personen
Pro Portion ca. 290 kcal, 12 g EW, 19 g F, 18 g KH

1  Den Mangold putzen und waschen, die Stiele abtrennen und in ½ cm breite Stücke schneiden, die Blätter beiseitelegen. Die Möhren putzen, schälen und schräg in Scheiben schneiden.

2  Das Öl in einem Topf erhitzen. Die Mangoldstiele und die Möhren darin 2 Min. andünsten. Den Knoblauch schälen und dazupressen. Die Brühe und den Thymian hinzufügen, aufkochen und zugedeckt bei mittlerer Hitze 5 Min. kochen lassen.

3  Inzwischen die Mangoldblätter in 2 cm breite Streifen schneiden. Die Bohnen in ein Sieb abgießen, abbrausen und abtropfen lassen.

4  Die Bohnen und Mangoldblätter in den Topf geben und 2 Min. erhitzen. Dann die Crème fraîche und den Käse unterheben, den Eintopf nicht mehr kochen lassen. Mit Salz und Pfeffer würzen.

SCHÖN DAZU  Reis oder kleine Pellkartoffeln

AUCH SCHÖN  Den Mangold durch Chinakohl und die Möhren durch kleine Tomaten ersetzen.

KLASSIKER | MAL ANDERS

# dinkelrisotto mit romanesco

200 g Romanesco
1 kleine Zwiebel
450–500 ml Gemüsebrühe
1 EL Olivenöl
150 g vorgegarte Dinkelkörner (z. B. »Dinkel wie Reis«)
1 kleine Knoblauchzehe
125 g Kirschtomaten
30 g geriebener würziger Hartkäse
Salz | Pfeffer
½ Bund Basilikum

Für 2 Personen
Pro Portion ca. 415 kcal, 18 g EW, 11 g F, 53 g KH

1   Den Romanesco waschen, putzen und in kleine Rös-chen schneiden. Die Zwiebel schälen und fein hacken. Die Brühe erhitzen und warm halten.

2   Das Öl in einem Topf erhitzen. Zwiebel, Romanesco und Dinkel darin 2–3 Min. andünsten. Den Knoblauch schälen und dazupressen. 1 Schöpfkelle heiße Brühe dazugießen und alles unter Rühren bei mittlerer Hitze offen 10–12 Min. garen, dabei nach und nach jeweils 1 Schöpfkelle heiße Brühe dazugießen.

3   Inzwischen die Tomaten waschen und halbieren. Tomaten und Käse bis auf 1 EL Käse unter den Dinkel heben. Das Risotto mit Salz und Pfeffer würzen. Die Basilikumblätter abzupfen, abreiben und grob hacken. Das Risotto mit dem Basilikum und dem übrigen Käse bestreuen und gleich servieren.

INFO   »Dinkel wie Reis« ist eine vollwertige Alternative zu Reis. Die entspelzten und geschliffenen Körner kann man genauso vielseitig verwenden – als Blitzzutat für Risotto, Gemüsefüllungen, Suppen oder als Beilage.

ORIENTALISCH

# gemüsepilaw

1 Möhre
1 kleine Zwiebel
400 ml Gemüsebrühe
1 EL Butterschmalz
2 EL Cashewkerne
1 EL Sultaninen
½ Zimtstange
½ Döschen gemahlener Safran
200 g 10-Minuten-Reis
150 g Blattspinat (küchenfertig; Kühlregal)
Salz | Pfeffer
1–2 EL Zitronensaft
2 EL Sahnejoghurt

Für 2 Personen
Pro Portion ca. 340 kcal, 9 g EW, 14 g F, 43 g KH

1   Die Möhre putzen, schälen und in kleine Würfel schneiden. Die Zwiebel schälen und fein hacken.

2   Die Brühe erhitzen. Das Butterschmalz in einem Topf erhitzen, die Cashewkerne darin bei mittlerer Hitze goldbraun braten, dann herausnehmen. Die Möhren- und Zwiebelwürfel im heißen Fett bei milder Hitze 2–3 Min. andünsten. Sultaninen, Zimt und Safran dazugeben. Den Reis einrühren und 1–2 Min. andünsten. Die heiße Brühe dazugießen und alles zugedeckt bei milder Hitze 10 Min. garen, dabei den Pilaw öfters umrühren.

3   Inzwischen den Spinat abbrausen, kurz vor Ende der Garzeit mit den Cashewkernen unter den Reis heben. Mit Salz, Pfeffer und Zitronensaft würzen. Mit je 1 EL Sahnejoghurt servieren.

SCHÖN DAZU   wachsweich gekochte Eier

# AUS PFANNE
UND WOK

# BRATEN UND WIRBELN

*Ob TK-Mischungen, Frühlingszwiebeln oder Pilze, die man kaum zu putzen braucht – Gemüse, das minutenschnell gart, ist gefragt. Auch Tofu, Kichererbsen aus der Dose und Instant-Getreide mischen gerne mit.*

## WOK-NUDELN

... sind blitzschnell, ohne Vorkochen zubereitet: mit etwas Flüssigkeit in das Gericht in Wok oder Pfanne rühren und 3–4 Min. mitgaren. Fertig!

## DAS IDEALE ÖL

Zum Braten und Ausbacken ein hoch erhitzbares Öl nehmen, z. B. geschmacksneutrales Erdnuss- oder Rapsöl bzw. Olivenöl für die mediterrane Küche. Sesam-, Chili- oder Walnussöl nur teelöffelweise verwenden. Sie schmecken intensiv und sind eher als Würze gedacht.

## DAS KOMPLETTE WÜRZ-PAKET

Gewürzmischungen, Würzsaucen und -pasten sind die Basis für viele unserer Wok- und Pfannengerichte und ideal für die rasante Küche. Alle Zutaten kauft man in der Gewürz-Abteilung der Supermärkte oder in den Regalen für die jeweiligen Landesküchen: Currypulver, China- und Gyrosgewürz, Ajvar, Pesto, Sojasauce, Chili- und Hoisinsauce. Das macht das Würzen so einfach: Ein Griff ins Gewürzbord genügt, um einem Gericht seine typische Geschmacksnote zu verleihen.

# würziges für »drüber«

## NUSS-MIX

Für 2 Personen in einer beschichteten Pfanne 1 TL schwarze Pfefferkörner, 50 g gesalzene Erdnüsse und 1 EL Sesamsamen rösten, bis sie duften. Den Nuss-Mix vom Herd nehmen, etwas abkühlen lassen und im Mörser grob zerdrücken.

## OMELETT-SCHNECKEN

Für 2 Personen 2 Eier mit 2 EL Milch, Salz und Pfeffer verrühren. ½ EL Butter in einer kleinen beschichteten Pfanne erhitzen. Eiermasse hineingießen und bei mittlerer Hitze stocken lassen. Das Omelett herausnehmen, aufrollen und in ca. 1 cm breite Scheiben schneiden.

## RÖSTZWIEBELN

Für 2 Personen 200 g kleine Zwiebeln schälen, auf dem Gemüsehobel in dünne Ringe schneiden und trocken tupfen. 500 ml Erdnussöl in einer Kasserolle oder in der Fritteuse auf 170° erhitzen. (Ein Brotwürfel wird darin in 30 Sek. braun!) Die Zwiebelringe portionsweise in jeweils 2 Min. knusprig braun fritieren. Mit einer Schaumkelle herausheben und auf Küchenpapier abtropfen lassen.

BUNT UND GESUND

# pfannengemüse mit spiegelei

je 1 rote und gelbe Paprikaschote
1 Stange Lauch
1 Dose Mais (140 g Abtropfgewicht)
2 EL Olivenöl
Salz | Pfeffer
½ TL rosenscharfes Paprikapulver
1 TL getrockneter Oregano
4 Eier
75 g geriebener Emmentaler (Kühlregal)

Für 2 Personen
Pro Portion ca. 525 kcal, 30 g EW, 35 g F, 22 g KH

1 Die Paprikaschoten vierteln, putzen, waschen und
in 2 cm große Würfel schneiden. Den Lauch putzen,
gut waschen und schräg in ½ cm breite Ringe schneiden. Den Mais aus der Dose in ein Sieb gießen,
abbrausen und abtropfen lassen.

2 Das Öl in einer großen beschichteten Pfanne erhitzen. Die Paprika und den Lauch darin unter Wenden
bei mittlerer Hitze 5 Min. dünsten. Mit Salz, Pfeffer,
Paprika und Oregano würzen. Den Mais untermischen
und gerade eben erhitzen.

3 Mit einem Esslöffel vier Mulden in das Gemüse drücken. Die Eier aufschlagen und in jede Mulde eines
gleiten lassen. Den Käse darüberstreuen. Den Deckel
auflegen und den Käse bei mittlerer Hitze in etwa
5 Min. schmelzen lassen.

**SCHÖN DAZU** Bauernbrot oder Stangenweißbrot

AUS DEM VORRAT

# gyros-gemüse mit joghurtsauce

1 Gemüsezwiebel
1 EL Olivenöl
750 g TK-Pfannengemüse (z. B. französisch
    oder italienisch)
200 g griechischer Sahnejoghurt
Salz
1–2 TL Zitronensaft
½ TL Pulbiber (s. Info)
1 EL Gyros-Gewürzmischung
100 g Feta

Für 2 Personen
Pro Portion ca. 625 kcal, 27 g EW, 40 g F, 42 g KH

1 Die Zwiebel schälen, halbieren und in feine Streifen
schneiden. Das Öl in einer großen beschichteten
Pfanne erhitzen, die Zwiebel darin bei mittlerer Hitze
glasig dünsten. Das Pfannengemüse dazugeben und
bei starker bis mittlerer Hitze nach Packungsangabe in
6–8 Min. braten, dabei ab und zu wenden.

2 Inzwischen den Joghurt mit 1–2 EL Wasser cremig
rühren, mit Salz und Zitronensaft würzen und mit dem
Pulbiber bestreuen.

3 Das Gemüse mit Salz und Gyrosgewürz würzen,
alles nochmal gut mischen. Den Feta würfeln und über
dem Gemüse verteilen. Mit der Joghurtsauce servieren.

**SCHÖN DAZU** Sesam-Fladenbrot oder Röstkartoffeln

**INFO – PULBIBER**
Pulbiber, scharfe Paprikaflocken, sind im türkischen
Lebensmittelladen erhältlich. Wer sie nicht bekommt,
kann sie durch scharfes Paprikapulver ersetzen.

SOMMERLICH LEICHT

# grüne-bohnen-pfanne

300 g TK-Prinzessbohnen | Salz
125 g Baguette (vom Vortag) | 4 EL Olivenöl
1 Knoblauchzehe | 3 Frühlingszwiebeln
150 g Kirschtomaten | Pfeffer
2 TL getrockneter Thymian
75 ml Gemüsefond (Glas) oder -brühe
2 EL gehobelter Hartkäse (Kühlregal)

Für 2 Personen
Pro Portion ca. 505 kcal, 19 g EW, 24 g F, 55 g KH

1   Die Bohnen in kochendem Salzwasser 2 Min. garen, dann abgießen, abschrecken und abtropfen lassen.

2   Das Baguette in 2 cm große Würfel schneiden. 2 EL Olivenöl in einer großen Pfanne erhitzen, die Brotwürfel darin bei mittlerer Hitze 3–4 Min. rösten. Den Knoblauch schälen, durch die Presse drücken und unterrühren. Croûtons auf Küchenpapier abtropfen lassen. Die Frühlingszwiebeln waschen, putzen und in Ringe schneiden. Die Tomaten waschen und halbieren.

3   Das übrige Öl in der Pfanne erhitzen. Frühlingszwiebeln und Bohnen darin bei mittlerer Hitze 2–3 Min. andünsten. Mit Salz, Pfeffer und Thymian würzen. Mit Fond oder Brühe ablöschen, bei mittlerer Hitze 5 Min. einkochen lassen. Kirschtomaten und Croûtons untermischen und den Käse darüberstreuen.

VITALSTOFFREICH

# austernpilze mit kernen

50 g Kerne-Mix (Fertigprodukt)
1 Bund Frühlingszwiebeln
500 g Austernpilze
2 EL Olivenöl
6 EL Gemüsefond (Glas) oder -brühe
1–2 EL Aceto balsamico
Salz | Pfeffer
1 EL Butter

Für 2 Personen
Pro Portion ca. 325 kcal, 13 g EW, 27 g F, 6 g KH

1   Den Kernmix in einer heißen Pfanne ohne Fett goldbraun rösten, herausnehmen. Die Frühlingszwiebeln waschen und putzen. Die weißen Teile in feine Ringe, getrennt davon die hellgrünen Teile schräg in 2 cm breite Stücke schneiden. Die Austernpilze putzen, abreiben und grob zerteilen.

2   Das Öl in einer großen beschichteten Pfanne sehr heiß werden lassen. Die Pilze und das Weiße der Frühlingszwiebeln darin unter Wenden in 2–3 Min. goldbraun braten. Fond oder Brühe dazugeben und kurz einkochen lassen. Mit Essig, Salz und Pfeffer würzen. Das Frühlingszwiebelgrün hinzufügen, 1 Min. erhitzen. Die Butter in Flöckchen unterrühren und die Kerne auf die Pilze streuen.

AUCH SCHÖN Statt fertigen Kerne-Mix zu kaufen, kann man natürlich auch Pinien-, Sonnenblumen- und Kürbiskerne sowie Sesamsamen mischen und für die Pilzpfanne verwenden.

SCHARF UND AROMATISCH

# thai-brokkoli mit sesam-tofu

350 g Brokkoli
1 rote Chilischote
1 walnussgroßes Stück Ingwer
2 EL Erdnuss- oder Rapsöl
125 ml Gemüsebrühe
2 EL Hoisinsauce (Asienregal; ersatzweise
   2 EL Chilisauce, mit 1 TL Zucker verrührt)
Salz | Pfeffer
200 g Tofu
2 TL geschälte Sesamsamen

Für 2 Personen
Pro Portion ca. 260 kcal, 15 g EW, 18 g F, 9 g KH

1   Den Brokkoli waschen, putzen und in Röschen teilen. Die Stiele schälen und in kleine Stücke schneiden. Die Chilischote abbrausen, entkernen und klein würfeln. Den Ingwer schälen und fein würfeln.

2   Erst den Wok aufheizen und dann darin 1 EL Öl stark erhitzen. Den Brokkoli unter Rühren 4 Min. anbraten. Den Ingwer und die Chilischote kurz mitbraten. Die Brühe dazugießen und den Brokkoli bei mittlerer Hitze 3–4 Min. dünsten. Die Hoisinsauce einrühren und alles salzen und pfeffern.

3   Inzwischen das übrige Öl in einer Pfanne erhitzen. Den Tofu würfeln und in einer Schüssel im Sesam wälzen. In die Pfanne geben und unter Wenden in 3–4 Min. goldbraun braten. Auf dem Brokkoli verteilen.

**SCHÖN DAZU** 10-Minuten-Basmatireis oder, noch schneller, Express-Basmatireis im Folienbeutel

KNACKIG | VITALSTOFFREICH

# tofu-gemüse-wok

150 g Shiitakepilze
4 Frühlingszwiebeln
100 g Zuckerschoten
3 Schalotten
200 g Tofu
2 EL Erdnuss- oder Rapsöl
100 g Möhrenstreifen (küchenfertig; Kühlregal)
125 ml Gemüsebrühe
2 EL Sojasauce
2 EL trockener Sherry oder Gemüsebrühe
1 TL Speisestärke
1 TL Chinagewürz
Pfeffer

Für 2 Personen
Pro Portion ca. 290 kcal, 35 g EW, 16 g F, 21 g KH

1   Die Pilze von den Stielen befreien, die Kappen abreiben und vierteln. Die Frühlingszwiebeln waschen, putzen, weiße und hellgrüne Teile schräg in 3 cm breite Stücke schneiden. Die Zuckerschoten waschen und schräg halbieren. Die Schalotten schälen und vierteln. Den Tofu in Scheiben schneiden.

2   Erst den Wok, darin das Öl stark erhitzen. Möhren, Schalotten und Frühlingszwiebeln darin unter Rühren 5 Min. braten. Die Zuckerschoten, Pilze und den Tofu hinzufügen und 2–3 Min. mit pfannenrühren.

3   Inzwischen die Brühe mit der Sojasauce, Sherry oder Brühe, Speisestärke und Chinagewürz verquirlen. Zum Gemüse gießen, aufkochen lassen. Mit Pfeffer abschmecken. Das Ganze bei mittlerer Hitze 1–2 Min. garen, bis die Sauce gebunden ist.

**SCHÖN DAZU** Als Beilage passen Instant-Mie-Nudeln oder 10-Minuten-Reis.

MIT ORIENTALISCHER NOTE

# gemüsecouscous mit nüssen

150 ml Gemüsebrühe
125 g Couscous
50 g Nuss-Mix (Fertigprodukt)
1 EL getrocknete Cranberrys
1 kleine Zwiebel
1 Knoblauchzehe
1 EL Olivenöl
500 g TK-Pfannengemüse (z. B. nach Bauernart: mit Möhren, Brokkoli, Mais, Paprika)
1 EL scharfes Currypulver
1 Msp. Zimtpulver
Salz
1–2 TL Zitronensaft
1 Stängel Minze

Für 2 Personen
Pro Portion ca. 665 kcal, 22 g EW, 32 g F, 71 g KH

1 Die Brühe aufkochen lassen. Den Couscous in einer Schüssel damit übergießen und zugedeckt 5 Min. quellen lassen. Dann mit einer Gabel auflockern, den Nuss-Mix und die Cranberrys unterheben.

2 Inzwischen die Zwiebel und den Knoblauch schälen und fein würfeln. Das Öl in einer großen Pfanne erhitzen, Zwiebel und Knoblauch darin glasig braten. Das Pfannengemüse dazugeben und unter gelegentlichem Wenden 5–6 Min. braten. Mit Curry und Zimtpulver, Salz und Zitronensaft würzen.

3 Den Couscous unter das Gemüse heben. Die Minze abbrausen, die Blätter abzupfen, in feine Streifen schneiden und unter den Gemüse-Couscous heben. Alles nochmals abschmecken.

SCHÖN DAZU Für eine Joghurtsauce 200 g Sahnejoghurt mit 1 zerdrückten Knoblauchzehe verrühren und mit Salz abschmecken.

PIKANT WÜRZIG

# bunte kichererbsen-pfanne

1 Zwiebel
1 kleine gelbe Paprikaschote
1 kleine Aubergine
2 EL Olivenöl
½ TL gemahlener Kreuzkümmel
Salz | Pfeffer
2 EL Ajvar (Paprikapaste)
1 kleine Dose stückige Tomaten (200 g Inhalt)
125 ml Gemüsebrühe
½ Bund Petersilie
150 g Kichererbsen aus der Dose (abgetropft)
100 g Ziegenfrischkäse oder Ricotta

Für 2 Personen
Pro Portion ca. 355 kcal, 15 g EW, 23 g F, 18 g KH

1 Die Zwiebel schälen und würfeln. Die Paprikaschote vierteln, putzen, waschen und quer in 1 cm breite Streifen schneiden. Die Aubergine waschen, putzen, der Länge nach vierteln und in dünne Scheiben schneiden.

2 Das Öl in einer großen Pfanne erhitzen. Die Zwiebel, Paprika- und Auberginenstücke dazugeben und unter Wenden bei mittlerer bis starker Hitze 3 Min. anbraten. Mit Kreuzkümmel, Salz und Pfeffer würzen. Ajvar, Tomaten und Brühe unter das Gemüse rühren, aufkochen und zugedeckt bei mittlerer Hitze 10 Min. schmoren.

3 Inzwischen die Petersilie abbrausen, trocken schütteln, Blätter abzupfen und hacken. Die Hälfte mit den Kichererbsen unter das Gemüse mischen und 2 Min. erhitzen. Mit Salz und Pfeffer abschmecken.

4 Den Frischkäse oder Ricotta in Flöckchen teilen und vor dem Servieren auf der Pfanne verteilen. Mit der übrigen Petersilie bestreuen.

SCHÖN DAZU Couscous oder Bulgur

KNUSPRIG-NUSSIG

# gemüsepüfferchen mit kräuterdip

200 g Möhren
250 g Zucchini
1 kleine Zwiebel
3 EL Mehl | 2 Eier
2 EL gemahlene Haselnüsse
Salz | Pfeffer
½ TL edelsüßes Paprikapulver
4 TL Butterschmalz
½ Beet Kresse
150 g Kräuterquark

Für 2 Personen
Pro Portion ca. 450 kcal, 21 g EW, 31 g F, 21 g KH

1   Die Möhren und Zucchini putzen, waschen und auf der Rohkostreibe fein raspeln. Die Zwiebel schälen, fein würfeln und zum Gemüse geben. Mit dem Mehl, den Eiern und Nüssen zu einem glatten Teig verrühren. Diesen mit Salz, Pfeffer und Paprikapulver würzen.

2   In zwei großen beschichteten Pfannen je 1 TL Butterschmalz erhitzen. Den Teig esslöffelweise hineingeben, flach drücken und in 2–3 Min. auf beiden Seiten goldbraun backen. So nacheinander mit dem restlichen Butterschmalz 8–12 kleine Puffer backen. Fertige Puffer im Ofen bei 80° (Umluft 60°) warm halten.

3   Die Puffer mit Kresse bestreuen und mit dem Kräuterquark servieren.

MAJORANWÜRZIG

# maultaschen mit zwiebeln

300 g Maultaschen mit Gemüsefüllung (Kühlregal)
2 kleine rote Zwiebeln
½ Bund Petersilie
2 Zweige Majoran
1 EL Butter
1 EL Rapsöl
Salz | Pfeffer

Für 2 Personen
Pro Portion ca. 430 kcal, 13 g EW, 23 g F, 43 g KH

1   Die Maultaschen nach Packungsangabe garen, dann abgießen und abtropfen lassen. Anschließend die Maultaschen in ½ cm dicke Scheiben schneiden.

2   Inzwischen die Zwiebeln schälen und in feine Ringe schneiden. Die Petersilie waschen, trocken schütteln, die Blätter abzupfen und hacken. Den Majoran abbrausen, die Blätter abzupfen und hacken.

3   In einer beschichteten Pfanne die Butter und das Öl erhitzen. Die Zwiebeln darin bei mittlerer Hitze in 5 Min. glasig braten, dann herausnehmen. Die Maultaschen in der Pfanne in 5 Min. goldbraun braten. Zwiebeln und Majoran dazugeben, mit Salz und Pfeffer würzen. Mit Petersilie bestreuen.

**SCHÖN DAZU**   grüner Salat mit Vinaigrette

MEDITERRAN

# weizen-zucchini-pfanne

125 g vorgegarte Hartweizenkörner (z. B. Ebly®)
Salz
150 g junge Zucchini
1 kleine Zwiebel
1 EL Olivenöl
100 g Kirschtomaten
2 TL Basilikum-Pesto (selbstgemacht
    oder aus dem Glas)
Pfeffer
100 g Schafskäse
3–4 Basilikumblätter

Für 2 Personen
Pro Portion ca. 430 kcal, 19 g EW, 18 g F, 48 g KH

1   Den Weizen nach Packungsangabe in kochendem Salzwasser garen, abgießen und abtropfen lassen.

2   Inzwischen die Zucchini waschen, putzen und in dünne Scheiben schneiden. Die Zwiebel schälen, halbieren und in dünne Spalten schneiden. Das Öl in einer Pfanne erhitzen, Zwiebel und Zucchini darin bei mittlerer Hitze 3–4 Min. unter Wenden braten.

3   Inzwischen die Kirschtomaten waschen und halbieren. Mit dem Weizen und Pesto unter die Zucchini mischen und kurz mit erhitzen. Die Weizenpfanne mit Salz und Pfeffer würzen.

4   Den Schafskäse in Würfel schneiden und auf die Weizenpfanne streuen. Die Basilikumblätter abreiben und als Garnitur darüberstreuen.

KLASSIKER NEU

# risi-bisi-reispfanne

1 zarter Kohlrabi
1 kleine Möhre
1 kleine Zwiebel
½ EL Butter
125 g 10-Minuten-Reis
300 ml Gemüsebrühe
100 g TK-Erbsen
125 g Sahne
Salz | Pfeffer

Für 2 Personen
Pro Portion ca. 390 kcal, 9 g EW, 24 g F, 32 g KH

1   Den Kohlrabi und die Möhre putzen, schälen und beide in 1 cm große Würfel schneiden. Die Zwiebel schälen und fein würfeln.

2   Die Butter in einer Pfanne zerlassen. Die Zwiebel darin glasig braten. Die Kohlrabi- und Möhrenwürfel sowie den Reis dazugeben und 2 Min. anbraten. Die Brühe erhitzen, dazugießen und alles zugedeckt bei mittlerer Hitze 10 Min. garen.

3   Inzwischen die Erbsen in einem Sieb heiß abbrausen und abtropfen lassen. Am Ende der Garzeit unter den Gemüsereis mischen. Die Sahne dazugießen und alles 2–3 Min. kräftig kochen lassen. Die Risi-Bisi-Pfanne mit Salz und Pfeffer würzen.

AUCH SCHÖN Für zusätzliche Vitamine die zarten Kohlrabiblätter abschneiden, waschen und in feine Streifen schneiden. Vor dem Servieren auf die Pfanne streuen.

IM WOK GEWIRBELT

# asia-nudelpfanne

100 g dünne Mie-Eiernudeln
Salz
je 1 kleine rote und gelbe Paprikaschote
80 g Zuckerschoten
250 g Chinakohl
1 EL Rapsöl
2 TL Sesamöl
2–3 EL helle Sojasauce
Pfeffer
1 ½ EL süß-scharfe Chilisauce

Für 2 Personen
Pro Portion ca. 330 kcal, 10 g EW, 14 g F, 47 g KH

1  Die Nudeln nach Packungsangabe in kochendem Salzwasser garen, abgießen und abtropfen lassen.

2  Die Paprikaschoten halbieren, putzen, waschen und in Streifen schneiden. Die Zuckerschoten waschen und schräg halbieren. Den Chinakohl waschen, putzen und in 1 cm breite Streifen schneiden.

3  Erst den Wok, dann darin das Rapsöl erhitzen. Die Paprikaschoten, Zuckerschoten und den Chinakohl 3–4 Min. unter Rühren braten. Die abgetropften Nudeln untermischen. Die Nudelpfanne mit Sesamöl, Sojasauce und Pfeffer würzen. Die Chilisauce unterrühren und das Gericht sofort servieren.

### NOCH SCHNELLER
... geht´s, wenn Sie statt frischem Gemüse 500 g TK-Asien-Pfannengemüse nehmen. Dieses nach Packungsangabe zubereiten und dann die Nudeln untermischen.

CHINESISCH INSPIRIERT

# reisnudeln mit ei

100 g Reisnudeln
100 g Shiitakepilze (ersatzweise Egerlinge)
250 g Spitzkohl
1 haselnussgroßes Stück Ingwer
1 Knoblauchzehe
2 EL Erdnussöl
4 Frühlingszwiebeln
2 Eier
3–4 EL helle Sojasauce
Salz | Pfeffer
1 TL brauner Zucker
2 EL gehackte, geröstete Erdnüsse
1 Limette

Für 2 Personen
Pro Portion ca. 500 kcal, 19 g EW, 22 g F, 58 g KH

1  Die Reisnudeln in kochend heißem Wasser 3 Min. ziehen lassen, dann abgießen und abtropfen lassen.

2  Inzwischen die Pilze putzen, von Stielen befreien, halbieren oder vierteln. Den Spitzkohl waschen, vom Strunk befreien und in ½ cm breite Streifen schneiden. Ingwer und Knoblauch schälen und hacken.

3  Das Öl in einem Wok oder einer Pfanne sehr heiß werden lassen. Die Pilze darin 3 Min. unter Rühren anbraten. Ingwer, Knoblauch und Spitzkohl dazugeben und weitere 4 Min. braten.

4  Inzwischen die Frühlingszwiebeln waschen, putzen, vom dunklen Grün befreien und schräg in Ringe schneiden. Die Eier leicht verquirlen, mit den Nudeln und der Hälfte der Frühlingszwiebeln in den Wok rühren und alles bei mittlerer Hitze 1–2 Min. unter Wenden braten. Mit der Sojasauce, wenig Salz, Pfeffer und Zucker würzen. Die übrigen Frühlingszwiebeln und Erdnüsse aufstreuen. Die Limette heiß waschen, abtrocknen, sechsteln und dazu servieren.

# SATTMACHER-SALATE

# KNACKIGE GENÜSSE

*Gemischte Salatblätter und Rote Bete aus dem Kühlregal, TK-Gemüse, Instant-Couscous, Linsen oder Bohnen aus der Dose: Aus vorbereiteten Zutaten kann man mit wenigen Handgriffen die herrlichsten und vielfältigsten Salatkreationen zaubern.*

## SALATMARINADEN

... lassen sich prima im Voraus zubereiten. Steht die Grundsauce fertig angerührt im Kühlschrank (S. 51), ist ein Salat im Handumdrehen fertig. Das Dressing vor Gebrauch gründlich durchschütteln, damit sich getrennte Bestandteile wieder cremig vermischen.

## TRANSPORTTAUGLICH

»Robuste« Salate wie z. B. Eier-Käse-Salat (S. 58), Bohnen- (S. 60), Gnocchi- (S. 62) und Penne-Salat (S. 64) zum Mitnehmen in ein Twist-Off-Glas füllen oder in eine transportable Box mit Deckel.

## GEMISCHTE BLATTSALATE

... sehen toll aus, und es lohnt sich, davon einen Vorrat anzulegen: Von mehreren Salaten eine Handvoll Blätter nehmen – am besten feste Freilandware, z. B. Kopfsalat, helle und dunkle Sorten wie Eichblatt- und Feldsalat, Lollo rosso, Batavia, Romana, Radicchio, auch Spinat und Rucola. Die Blätter waschen, trocken schleudern, putzen und grob zerzupfen. In Frischhaltebeutel locker verpacken, die Beutel gut verschließen und ins Gemüsefach des Kühlschranks legen. Dort bleiben die Salate 2–3 Tage frisch. Vor der Verwendung am besten noch einmal gründlich abbrausen.

# Dressings als Vorrat

### SENF-VINAIGRETTE

Für 8 Portionen 125 ml Weißweinessig, 2 TL Dijonsenf, je ¼ TL Salz, schwarzen Pfeffer und Zucker sowie 175 ml kaltgepresstes Olivenöl oder Rapsöl in einen Schüttelbecher geben oder mit dem Pürierstab aufschlagen. In eine Flasche mit Schraubdeckel füllen und 2–3 Wochen im Kühlschrank aufbewahren.

### ASIA-MARINADE

Für 8 Personen 2 EL flüssigen Akazienhonig, 125 ml Apfelessig, je ¼ TL Salz und Pfeffer, 2 EL Sojasauce und 125 ml Erdnuss- oder Sojaöl sowie 1 EL dunkles Sesamöl in eine ca. 400 ml fassende Flasche füllen und kräftig schütteln oder mit dem Pürierstab aufschlagen.

### BASILIKUM-JOGHURT-DRESSING

Für 8 Personen 1 Bund Basilikum (ca. 30 Blätter) von den Stängeln zupfen, abreiben und grob zerpflücken. In den Blitzhacker geben. Mit ¼ TL Meersalz bestreuen. 200 g Joghurt und 4 EL Sahne hinzufügen und das Ganze fein zerkleinern. Nach und nach 3 EL Olivenöl darunterschlagen. Das Dressing mit 2 TL Zitronensaft, Pfeffer und Salz abschmecken. In eine Flasche mit Twist-Off-Deckel füllen und in den Kühlschrank stellen. Hält sich 3–4 Tage.

WÜRZIG MIT KÄSE

# aprikosen-salat mit honig-dressing

150 g Halloumi (zypriotischer Käse; s. S. 78)
3 EL Olivenöl | 2 EL Pinienkerne
125 g Blattsalat-Mischung (Kühlregal oder S. 51)
4 reife Aprikosen (ersatzweise 4 kleine Strauch-
    tomaten)
2 EL milder Weißweinessig
2 TL flüssiger Honig | Salz | Pfeffer

Für 2 Personen
Pro Portion ca. 510 kcal, 19 g EW, 41 g F, 18 g KH

**1**  Den Halloumi trocken tupfen und quer in 1 cm dicke
Scheiben schneiden. 1 EL Olivenöl in einer großen
Pfanne erhitzen und den Käse darin bei mittlerer Hitze
auf jeder Seite in 2–3 Min. braten. Nach 1 Min. Pinienkerne dazugeben und goldbraun rösten.

**2**  Inzwischen Salat abbrausen und trocken schütteln.
Die Aprikosen waschen, halbieren, entsteinen und in
dünne Spalten schneiden. Salat und Aprikosen auf
Tellern anrichten, den Halloumi dazulegen.

**3**  Für die Vinaigrette den Essig mit 2 EL Wasser, Honig,
Salz, Pfeffer und dem restlichen Olivenöl verquirlen.
Über den Salat träufeln. Pinienkerne darüberstreuen.

MIT KNUSPER-BEIGABE

# salat mit schafskäse

1 Römersalatherz (ca. 150 g)
150 g Kirschtomaten
2 orange Mini-Paprikaschoten
2 Scheiben Vollkorntoast
2 ½ EL Olivenöl
2 EL Balsamico bianco
2 TL scharfer Senf
Salz | Pfeffer
100 g Schafskäse

Für 2 Personen
Pro Portion ca. 335 kcal, 13 g EW, 23 g Fett, 17 g KH

**1**  Den Salat in die einzelnen Blätter zerteilen, die
Blätter waschen, trocken schütteln und in mund-
gerechte Stücke zupfen. Die Tomaten waschen und
halbieren. Die Paprikaschoten halbieren, putzen,
waschen und quer in feine Streifen schneiden.

**2**  Die Toastbrote in 1 cm kleine Würfel schneiden.
In einer Pfanne ½ EL Öl erhitzen, die Toastwürfel darin
bei mittlerer Hitze in 5 Min. goldbraun rösten, dabei
ab und zu wenden.

**3**  Inzwischen den Essig mit 2 EL Wasser, Senf, Salz,
Pfeffer und übrigem Olivenöl verrühren. Salat, Tomaten
und Paprika auf zwei Tellern dekorativ anrichten. Mit
dem Dressing beträufeln. Den Schafskäse zerbröckeln
und mit den Croûtons aufstreuen.

**AUCH SCHÖN**  Wer es gerne knofelig mag, brät für die
Croûtons kurz 1 zerdrückte Knoblauchzehe mit.

RAFFINIERT KOMBINIERT

# kohlrabi-carpaccio mit räuchertofu

**Für das Carpaccio**
1 kleiner Kohlrabi
1 kleiner roter Apfel
100 g Räuchertofu
**Für das Dressing**
2 EL Apfelessig
4 EL Apfelsaft
½ TL gemahlener Ingwer
Salz | Pfeffer
3 EL Olivenöl
1 Schalotte
**Zum Anrichten**
1 Handvoll Rettichsprossen (oder die
    milderen Radieschensprossen)

Für 2 Personen
Pro Portion ca. 260 kcal, 9 g EW, 20 g F, 14 g KH

**1**  Für das Carpaccio den Kohlrabi putzen und schälen,
2–3 zarte Blätter beiseitelegen. Den Kohlrabi auf dem
Gemüsehobel in sehr feine Scheiben hobeln. Den
Apfel waschen, abtrocknen und das Kerngehäuse mit
einem Apfelausstecher entfernen. Den Apfel ebenfalls
in dünne Scheiben hobeln. Den Tofu klein würfeln.

**2**  Für das Dressing Essig, Apfelsaft, Ingwer, Salz, Pfeffer und Olivenöl verquirlen. Die Schalotte schälen, fein
würfeln und unterheben. Die Kohlrabi- und Apfelschei-
ben auf zwei großen Tellern abwechselnd, leicht überlappend ausbreiten. Mit den Tofuwürfeln bestreuen
und mit der Marinade beträufeln.

**3**  Die Sprossen kurz abbrausen und abtropfen lassen.
Das Kohlrabigrün in feine Streifen schneiden und mit
den Sprossen auf dem Carpaccio verteilen.

**SCHÖN DAZU**  Vollkornbrötchen mit Kürbiskernen oder
Sonnenblumenkernen

ORIENTALISCH ANGEHAUCHT

# möhren-rohkost mit chilijoghurt

300 g Möhren
1 EL Tahin (Sesampaste)
4 EL Zitronensaft
2 TL Ahornsirup
Salz | Pfeffer
3 EL Olivenöl
2 EL Sesamsamen
150 g Sahnejoghurt
1–2 TL Pulbiber (scharfe Paprikaflocken; s. S. 34)
    zum Bestreuen

Für 2 Personen
Pro Portion ca. 375 kcal, 6 g EW, 29 g F, 22 g KH

**1**  Die Möhren putzen, schälen und auf der Rohkostreibe in feine Streifen schneiden oder hobeln. In einer
Schüssel das Tahin mit 3 EL Zitronensaft, Ahornsirup,
Salz, Pfeffer und Öl gründlich verrühren. Die Möhren-
raspel in dem Dressing wenden.

**2**  Den Sesamsamen in einer Pfanne ohne Fett bei
mittlerer Hitze gleichmäßig goldbraun rösten. Die
Samen noch heiß unter die Rohkost mischen.

**3**  Inzwischen den Joghurt mit dem übrigen Zitronensaft, Salz und Pfeffer verrühren. Die Rohkost auf
Tellern anrichten. Den gewürzten Joghurt obendrauf
geben und mit etwas Pulbiber bestreuen.

**SCHÖN DAZU**  Sesam-Fladenbrot

**TIPP  – ZUM MITNEHMEN**
Beispielsweise fürs Büro den angemachten Joghurt in
ein Glas mit Twist-Off-Deckel füllen, die Möhrenrohkost
obendrauf geben, mit Chiliflocken bestreuen und das
Glas verschließen.

MILD-WÜRZIG

# rote-bete-salat mit avocado

250 g gegarte Rote Beten (vakuumverpackt)
1 reife Avocado
2 EL Weißweinessig
1 TL geriebener Meerrettich (Glas)
1 TL flüssiger Honig
Salz | Pfeffer
3 EL Rapsöl
1 Schalotte
30 g Walnusskerne
½ Bund Schnittlauch

Für 2 Personen
Pro Portion ca. 545 kcal, 6 g EW, 51 g F, 13 g KH

1   Die Roten Beten in dünne Scheiben schneiden. Die Avocado halbieren, vom Stein befreien, schälen und quer in Spalten schneiden. Die Roten Beten und die Avocado auf zwei Tellern auslegen.

2   Den Essig mit Meerrettich, Honig, Salz, Pfeffer und Öl glatt rühren. Die Schalotte schälen, sehr fein würfeln und unter die Vinaigrette rühren. Über die Roten Beten und Avocado verteilen.

3   Die Nüsse hacken. Den Schnittlauch abbrausen, trocken schütteln, in feine Röllchen schneiden und mit den Nüssen auf den Salat streuen.

**SCHÖN DAZU** Pumpernickel

**AUCH SCHÖN** Für mehr Aroma die gehackten Walnüsse in einer Pfanne ohne Fett anrösten, bis sie duften.

ORGINELL

# brotchips-salat

1 EL Sesamsamen
3 Strauchtomaten
½ Bio-Salatgurke (ca. 200 g)
75 g Brot-Chips mit Zwiebeln (Fertigprodukt)
2 EL Balsamico bianco
2 EL Gemüsebrühe
Salz | Pfeffer
3 EL Olivenöl
3–4 Stängel Basilikum

Für 2 Personen
Pro Portion ca. 370 kcal, 8 g EW, 24 g F, 29 g KH

1   Den Sesam in einer Pfanne ohne Fett goldbraun rösten, vom Herd nehmen und abkühlen lassen.

2   Inzwischen die Tomaten waschen, von den Stielansätzen befreien und quer in dünne Scheiben schneiden. Die Gurke gründlich waschen, abtrocknen und ebenfalls in dünne Scheiben schneiden.

3   Die Tomaten- und Gurkenscheiben sowie die Brot-Chips abwechselnd fächerförmig überlappend auf zwei großen Tellern auslegen.

4   Für die Vinaigrette den Essig mit Brühe, Salz, Pfeffer und Olivenöl verrühren und über den Brotsalat träufeln. Mit dem Sesam bestreuen. Die Basilikumblätter von den Stängeln zupfen und auf dem Salat verteilen.

**TIPP – BROTCHIPS SELBER MACHEN**
Wer mehr Zeit hat, kann die Brot-Chips auch selber herstellen. Dazu 1 Baguette-Brötchen in sehr dünne Scheiben schneiden und auf einem mit Backpapier belegten Blech verteilen. Mit Meersalz bestreuen und mit 3 EL Olivenöl beträufeln. Unter dem vorgeheizten Elektro-Grill 5 Min. backen, bis die Scheiben leicht gebräunt sind.

GRUSS AUS ITALIEN
# grüner spargelsalat

250 g grüner Spargel
Salz
1 Prise Zucker
2 EL Weißweinessig
Pfeffer
½ TL Tomaten-Pesto (Glas)
3 EL Walnussöl
30 g schwarze entsteinte Oliven
150 g Kirschtomaten
2 Handvoll Rucola
1 hart gekochtes Ei

Für 2 Personen
Pro Portion ca. 240 kcal, 7 g EW, 21 g F, 6 g KH

1   Den Spargel nur im unteren Drittel schälen und die Endstücke abschneiden. Die Stangen dann schräg in 3 cm breite Stücke schneiden. In kochendem Salzwasser mit dem Zucker in 3–4 Min. bissfest kochen.

2   Inzwischen den Essig mit 3 EL Spargelkochwasser, Salz, Pfeffer und Pesto verquirlen. Das Walnussöl mit dem Schneebesen unterschlagen. Die Oliven abtropfen lassen und quer halbieren. Die Kirschtomaten waschen und halbieren. Den Rucola waschen, gründlich trocken schütteln, dicke Stängel entfernen und die Blätter grob hacken.

3   Den Spargel abgießen, abschrecken und abtropfen lassen. Sofort in der Vinaigrette wenden. Tomaten, Oliven und Rucola vorsichtig unterheben. Das Ei pellen, hacken und darüberstreuen.

AUCH SCHÖN Pikanter wird's, wenn Sie noch 1 EL kleine Kapern unter den Salat mischen.

AUCH FEIN ALS IMBISS
# eier-käse-salat

3 Eier
75 g mittelalter Gouda (in Scheiben)
8 Radieschen
3 Cornichons
1 dünne Frühlingszwiebel
75 g gemischte Salatblätter (z. B. Radicchio, Feldsalat, Frisée, Eichblattsalat; Kühlregal)
3 EL Joghurt
2 EL Aceto balsamico
½ TL scharfer Senf
Salz | Pfeffer
1 EL Rapsöl
1 EL kleine Kapern
½ Beet Kresse

Für 2 Personen
Pro Portion ca. 320 kcal, 24 g EW, 22 g F, 7 g KH

1   Die Eier in 10 Min. hart kochen. Sofort abschrecken, pellen und abkühlen lassen, dann achteln.

2   Inzwischen den Käse entrinden und in 2 cm lange Streifen schneiden. Die Radieschen waschen, putzen und ebenso wie die Gurken in Scheiben schneiden. Die Frühlingszwiebel waschen, putzen, weiße und hellgrüne Teile in feine Ringe schneiden. Die Salatblätter kurz abbrausen und trocken schleudern.

3   Den Joghurt mit Essig, Senf, Salz, Pfeffer und Öl verrühren. Die vorbereiteten Zutaten und die Kapern unterheben. Den Salat anrichten. Die Kresse vom Beet schneiden und darüberstreuen.

SCHÖN DAZU kräftiges Bauernbrot

SOMMERLICH BUNT

# bohnensalat mit mais

Salz | 300 g TK-Prinzessbohnen
1 Zweig Bohnenkraut | 2 EL Weißweinessig
2 TL körniger Senf | Pfeffer
2–3 EL Olivenöl
150 g kleine Strauchtomaten
1 Dose Maiskörner (140 g Abtropfgewicht)
1 Schalotte

Für 2 Personen
Pro Portion ca. 325 kcal, 14 g EW, 15 g F, 33 g KH

**1**  Reichlich Wasser aufkochen und salzen. Die gefrorenen Bohnen hineingeben, aufkochen und bei mittlerer Hitze zugedeckt in 7 Min. bissfest garen, dann abgießen, eiskalt abschrecken und abtropfen lassen.

**2**  Inzwischen das Bohnenkraut waschen, die Blätter abzupfen und fein hacken. In einer Schüssel den Essig mit Senf, Salz und Pfeffer verrühren. Das Öl unterschlagen, dann das Bohnenkraut untermischen.

**3**  Die Tomaten waschen und vierteln. Den Mais in ein Sieb gießen, kalt abbrausen und gut abtropfen lassen. Die Schalotte schälen und in feine Ringe schneiden. Tomaten, Mais, Bohnen und Schalotten in der Vinaigrette wenden. Den Salat mit Salz und Pfeffer abschmecken.

**SCHÖN DAZU**  Backkäse oder Frischkäse-Sticks

DEFTIG UND KRÄFTIG

# weiße-bohnen-salat mit artischocken

½ Knoblauchzehe
3 EL Balsamico bianco
Salz | Pfeffer
1 Prise Zucker
2 ½ EL Olivenöl
1 Dose weiße Riesenbohnen (Abtropfgewicht 250 g)
1 rote Zwiebel
3 Artischockenherzen (Dose)
2 grüne, eingelegte Peperoni (Glas)
½ Bund Petersilie

Für 2 Personen
Pro Portion ca. 215 kcal, 8 g EW, 13 g F, 16 g KH

**1**  Den Knoblauch schälen und eine Schüssel damit ausreiben. Den Essig mit Salz, Pfeffer und Zucker verquirlen. Das Öl nach und nach unterschlagen.

**2**  Die Bohnen in ein Sieb gießen, kalt abbrausen und abtropfen lassen. Die Zwiebel schälen, vierteln und in sehr dünne Streifen schneiden. Die Artischocken abtropfen lassen und vierteln. Bohnen, Zwiebel und Artischocken unter die Vinaigrette mischen.

**3**  Die Peperoni abtropfen lassen und in 1 cm breite Stücke schneiden. Die Petersilie waschen, trocken schütteln, abzupfen und grob hacken. Beides unter den Salat heben. Mit Salz und Pfeffer abschmecken.

MEDITERRAN

# linsen-couscous-salat

**Für den Couscous**
300 ml Gemüsebrühe
1 Zweig Thymian
75 g rote Linsen
50 g Couscous
40 g zarter Blattspinat (küchenfertig; Kühlregal)
**Für die Vinaigrette**
2 EL Rotweinessig
1 EL Aceto balsamico
Salz | Pfeffer
1 EL Tomaten-Pesto (Fertigprodukt)
2 EL Olivenöl
1 kleine rote Zwiebel

Für 2 Personen
Pro Portion ca. 330 kcal, 14 g EW, 13 g F, 36 g KH

1  Für den Salat in einem Topf die Brühe aufkochen. Den Thymian hinzufügen. Die Linsen und den Couscous einstreuen, einmal aufkochen, dann zugedeckt bei schwacher Hitze in 5 Min. ausquellen und dann offen ausdampfen lassen. Mit einer Gabel auflockern.

2  Inzwischen den Spinat abbrausen und gründlich trocken schütteln.

3  Für die Vinaigrette in einer Schüssel beide Essigsorten mit Salz, Pfeffer, Pesto und Olivenöl verrühren. Die Zwiebel schälen, fein würfeln und unterrühren.

4  Den Linsen-Couscous in der Marinade wenden, die Spinatblätter locker unterheben. Den Salat mit Salz und Pfeffer abschmecken.

SOMMER-HIT

# gnocchi-gemüse-salat

1 EL Butter
250 g Gnocchi (Kühlregal)
125 g Zucchini
2 Frühlingszwiebeln
1 Knoblauchzehe
2 EL Olivenöl
100 g geröstete gelbe und rote Paprikaschoten,
    in Öl eingelegt (Glas)
1 EL Aceto balsamico
Salz | Pfeffer
1 Handvoll Basilikumblätter
1 EL gehobelter Hartkäse

Für 2 Personen
Pro Portion ca. 405 kcal, 8 g EW, 19 g F, 49 g KH

1  In einer großen beschichteten Pfanne die Butter zerlassen, die Gnocchi darin nach Packungsangabe bei mittlerer Hitze goldbraun braten.

2  Inzwischen die Zucchini waschen, putzen und in dünne Scheiben schneiden. Die Frühlingszwiebeln putzen, waschen und in feine Ringe schneiden. Den Knoblauch schälen und fein hacken.

3  Die Gnocchi aus der Pfanne nehmen und in eine Schüssel geben. 1 EL Öl in der Pfanne erhitzen, die Zucchini darin bei mittlerer Hitze 3 Min. anbraten. Die Frühlingszwiebeln und den Knoblauch hinzufügen, kurz mitdünsten. Das Gemüse zu den Gnocchi geben.

4  Die Paprika abtropfen lassen, nach Belieben in breite Streifen schneiden, zu den Gnocchi geben und alles vorsichtig mischen. Den Salat mit Aceto balsamico, Salz, Pfeffer und übrigem Olivenöl würzen. Die Basilikumblätter abreiben und unterheben. Den Salat anrichten und mit dem Käse bestreuen.

NUSS-WÜRZIG

# penne-salat mit tofu

100 g Mini-Penne
Salz
100 g Zuckerschoten
1 rote Spitzpaprikaschote
100 g Kräuterseitlinge oder Egerlinge
4 getrocknete Tomaten in Tomatenöl (Glas)
100 g Mandel-Nuss-Tofu (Reformhaus)
2 EL Balsamico bianco
Pfeffer
3–4 Stängel Petersilie

Für 2 Personen
Pro Portion ca. 360 kcal, 18 g EW, 9 g F, 48 g KH

1   Die Nudeln nach Packungsangabe in reichlich kochendem Salzwasser bissfest garen. Inzwischen die Zuckerschoten waschen und schräg halbieren. 2 Min. vor Ende der Garzeit zu den Nudeln geben und mitkochen, dann zusammen abgießen, kalt abschrecken und gut abtropfen lassen.

2   Inzwischen die Spitzpaprika halbieren, putzen, waschen und in feine Streifen schneiden. Die Pilze putzen und abreiben, Kräuterseitlinge in Scheiben schneiden, Egerlinge vierteln. Die getrockneten Tomaten abtropfen lassen und quer in Streifen schneiden. Den Tofu in Würfel schneiden.

3   Vom Tomatenöl aus dem Glas 1 EL in einer Pfanne erhitzen, die Pilze und Paprikastreifen darin unter Wenden 2–3 Min. anbraten. Die Paprika-Pilz-Mischung noch warm mit den Nudeln, Zuckerschoten, Tomaten und Tofu mischen. Mit Essig, Salz, Pfeffer und 2 EL Tomatenöl anmachen. Die Petersilie abbrausen, trocken schütteln. Die Blättchen abzupfen, grob hacken und unter den Salat mischen.

EXOTISCH-FRUCHTIG

# asiatischer glasnudelsalat

75 g Glasnudeln
3 Frühlingszwiebeln
1 Knoblauchzehe
1 haselnussgroßes Stück Ingwer
2 EL Erdnussöl
100 g Möhrenstreifen (küchenfertig; Kühlregal)
Salz | Pfeffer
½ TL Sambal Oelek
1 EL Sherry-Essig
1 EL Sojasauce
2 EL Limettensaft
1 kleine Dose Ananasstücke (140 g Abtropfgewicht)
1–2 Zweige Minze

Für 2 Personen
Pro Portion ca. 300 kcal, 2 g EW, 11 g F, 48 g KH

1   Die Glasnudeln nach Packungsangabe in einer Schüssel mit kochendem Wasser übergießen und quellen lassen. Inzwischen die Frühlingszwiebeln waschen und putzen, die weißen und hellgrünen Teile schräg in Scheiben schneiden. Den Knoblauch und den Ingwer schälen und fein würfeln.

2   Das Öl in einem Wok oder einer tiefen Pfanne erhitzen. Frühlingszwiebeln, Möhren, Knoblauch und Ingwer darin unter Rühren 2–3 Min. braten. Mit Salz, Pfeffer und Sambal Oelek würzen. Essig, Sojasauce und Limettensaft dazugeben, vom Herd nehmen.

3   Die Ananasstücke in ein Sieb gießen und abtropfen lassen. Die Minze abbrausen, die Blätter abzupfen und grob hacken. Ananas und Minze unter das Gemüse mischen. Die Glasnudeln abtropfen lassen, mit der Schere in 5 cm lange Stücke schneiden und mit dem Gemüse vermischen.

# FÜR DEN KLEINEN HUNGER

# BISTRO-KÜCHE ZU HAUSE

*Rasch etwas Herzhaftes, aber bitte ohne Aufwand?*

*Voilà: Brötchen, Bagel, Toast, Wraps, Pitabrote und*

*Fertig-Pizzateig killen mit Bistro- und Deli-Charme den*

*kleinen Hunger. Auch Gemüse, Eier und Käse werden*

*so in etwas Besonderes verwandelt.*

## SMOOTHIE ALS SNACK

Die Drinks aus Obst oder Gemüse und gestoßenem Eis sind im Handumdrehen püriert und ein erfrischender Fit-Cocktail für zwischendurch. Man kann sie mit Gewürzen verfeinern oder mit Joghurt, Milch & Co. aufpeppen.

## ZUM DIPPEN BEREIT

Schnell ein paar Dips (S. 69) rühren, mit Grissini, Tortilla-Chips, Salzbrezeln, Crackern oder Krupuk servieren. Oder mit Gemüse-Sticks aus Möhren, Sellerie, Gurken, Paprika, Fenchel oder Zucchini.

## PAUSENFÜLLER »TO GO«

Ob als Powersnack fürs Büro oder als Imbiss unterwegs – Sandwiches, Wraps & Co. sind als leichte, sättigende Mahlzeit genau das Richtige für die Pause. Damit es nicht nur schmeckt, sondern auch appetitlich aussieht und nichts verrutschen kann, werden die Leckerbissen erst in Butterbrotpapier oder Folie gewickelt, dann in eine Brotzeitbox verpackt. Gut geeignet zum Mitnehmen sind Käse-Burger und Kornspitz mit Avocado (S. 70), Scamorza-Bagel und Tramezzini (S. 72), Tofu-Wrap und Pitataschen (S. 74).

# schnelle dips

## SCHARFE TOMATEN-SALSA

Für 2 Personen 100 g stückige Tomaten (Dose), je 1 klein gewürfelte Schalotte und Knoblauchzehe und 50 g geröstete rote Paprikaschoten (Glas), 1 TL Jalapeño-Chilischoten (Glas) und 2 TL Tomatenmark in eine hohe Rührschüssel geben. Alles glatt pürieren. Mit Salz, Pfeffer und 1 Prise Zucker würzen.

## CURRY-SESAM-DIP

Für 2 Personen 2 TL Butter in einem kleinen Topf erhitzen. 2 TL scharfes Currypulver und 1 EL Sesam darin bei milder Hitze 1 Min. anschwitzen. Kurz abkühlen lassen, dann mit 2 EL Mayonnaise und 3 EL Joghurt verrühren. Den Curry-Sesam-Dip mit Salz, Pfeffer, Zucker und 1 TL Limettensaft würzen.

## PETERSILIEN-MARONEN-DIP

Für 2 Personen 80 g Maronen (gegart und geschält; abgetropft aus Dose oder Vakuumpack) grob hacken. In einer Pfanne unter Rühren goldbraun rösten. ½ Bund Petersilie waschen, Blätter abzupfen und hacken. 1 Knoblauchzehe schälen und hacken. Maronen, Petersilie, Knoblauch und 30 g geriebenen Pecorino fein pürieren. Nach und nach 5 EL Olivenöl unterrühren, bis die Paste cremig ist. Mit Salz und Pfeffer abschmecken.

KERNIG | WÜRZIG

# käse-burger

2 Panini- oder Ciabatta-Brötchen
2 Käse-Brattaler (à 70 g; Kühlregal, mit Gouda
  oder Emmentaler)
2 Blätter Kopfsalat
1 Tomate
2 Cornichons
8 TL Dijonnaise (Fertigprodukt)

Für 2 Personen
Pro Portion ca. 475 kcal, 19 g EW, 17 g F, 29 g KH

**1** Die Brötchen quer durchschneiden, die Schnittflächen nacheinander auf dem Toaster goldgelb rösten. Etwas abkühlen lassen.

**2** Inzwischen eine kleine beschichtete Pfanne erhitzen. Die Käsetaler darin ohne Fett bei mittlerer Hitze von beiden Seiten in 5 Min. goldbraun braten.

**3** Die Salatblätter abbrausen, trocken schütteln und putzen. Die Tomate waschen, vom Stielansatz befreien und in Scheiben schneiden. Die Cornichons längs in Scheiben schneiden.

**4** Die Brötchenhälften mit der Senfcreme bestreichen, auf die unteren Hälften je 1 Salatblatt legen. Erst die Käsetaler, dann die Tomaten- und Gurkenscheiben auf den Salat legen. Mit den oberen Brötchenhälften bedecken. Die Burger sofort servieren.

**AUCH SCHÖN** Statt mit Käsetalern schmecken die gefüllten Brötchen auch prima mit panierten, kurz gebratenen Tofu-Schnitzeln aus dem Kühlregal.

FITNESS-IMBISS

# kornspitz mit avocado

1 orange Mini-Paprikaschote (ca. 50 g)
2–3 Salatblätter (z. B. Lollo bionda)
½ reife kleine Avocado
2 TL Zitronensaft
6–8 Schnittlauchhalme
2 Kornspitzen (ersatzweise Laugenstangen
  oder Mehrkornbrötchen)
4 EL Kräuterfrischkäse
Salz
Cayennepfeffer
4 Scheiben Emmentaler

Für 2 Personen
Pro Portion ca. 560 kcal, 29 g EW, 36 g F, 29 g KH

**1** Von der Paprikaschote einen flachen Deckel abschneiden. Die Schote putzen, waschen und quer in dünne Ringe schneiden. Die Salatblätter waschen und trocken schütteln. Die Avocado halbieren, vom Stein befreien, schälen und quer in Scheiben schneiden. Sofort gegen das Verfärben mit dem Zitronensaft beträufeln. Den Schnittlauch abbrausen, trocken schütteln und in Röllchen schneiden.

**2** Die Kornspitzen längs durchschneiden, alle Hälften mit dem Kräuterfrischkäse bestreichen. Die unteren Hälften mit dem Salat und den Paprikaringen belegen. Mit Salz und Cayennepfeffer würzen.

**3** Die Käsescheiben halbieren, auf die unteren Brötchenhälften verteilen. Dann die Avocadoscheiben darauflegen, mit dem Schnittlauch bestreuen. Mit den oberen Brötchenhälften abdecken.

**AUCH SCHÖN** als idealer Pausensnack: Die Avocado durch Scheiben von 2 hart gekochten Eiern ersetzen.

oben: käse-burger | unten: kornspitz mit avocado

RAFFINIERT

# scamorza-bagel

100 g Doppelrahm-Frischkäse
1 EL Olivenöl
Salz | Pfeffer
1–2 TL Zitronensaft
½ rote oder gelbe Paprikaschote
2 getrocknete, in Öl eingelegte Tomaten (Glas)
80 g geräucherter Scamorza-Käse (s. Tipp)
2 Vitalkorn- oder Sesam-Bagels

Für 2 Personen
Pro Portion ca. 605 kcal, 21 g EW, 37 g F, 44 g KH

1   Den Frischkäse mit dem Olivenöl und Zitronensaft cremig rühren und mit Salz und Pfeffer würzen. Die Paprikaschoten putzen, waschen und in sehr kleine Würfel schneiden. Die Tomaten abtropfen lassen und in feine Streifen schneiden. Paprika und Tomaten unter die Frischkäsecreme rühren.

2   Den Scamorza nach Belieben entrinden und in dünne Scheiben schneiden. Die Bagels aufschneiden, die Schnittflächen nach Wunsch toasten und mit dem Gemüse-Frischkäse bestreichen. Die Käsescheiben auf die Unterseiten legen und die Bagel-Deckel auflegen.

### INFO – SCAMORZA
Scamorza ist gebrühter und gereifter schnittfester Mozzarella, den es geräuchert und nicht geräuchert gibt. Wer keinen bekommt, kann ihn durch anderen Räucherschnittkäse ersetzen.

### AUCH SCHÖN
Zusätzlich noch 1 EL ohne Fett geröstete Pinienkerne oder 1 EL Schnittlauchröllchen unter die Frischkäsecreme mischen.

WIE IN BELLA ITALIA

# auberginen-tramezzini

½ Aubergine (ca. 150 g)
Salz
1 Tomate
8 Basilikumblätter
2 EL Ricotta
1 EL Mayonnaise
Pfeffer
2 EL Olivenöl
4 Scheiben Sandwich-Toast

Für 2 Personen
Pro Portion ca. 290 kcal, 6 g EW, 20 g F, 22 g KH

1   Die Aubergine waschen, putzen und in dünne Scheiben schneiden. Mit Salz bestreuen und am besten in einem Salatsieb 5 Min. ziehen lassen.

2   Inzwischen die Tomate waschen, halbieren und entkernen, dann in kleine Würfel schneiden. Die Basilikumblätter abreiben und bis auf 2 Blätter in feine Streifen schneiden. Ricotta und Mayonnaise verrühren. Tomaten und Basilikumstreifen untermischen, mit Salz und Pfeffer würzen.

3   Das Öl in einer großen Pfanne erhitzen. Die Auberginenscheiben trocken tupfen und bei mittlerer bis starker Hitze auf beiden Seiten 2–3 Min. braten. Aus der Pfanne nehmen und pfeffern.

4   Inzwischen die Toastbrote entrinden und mit der Tomatencreme bestreichen. Die Auberginenscheiben überlappend auf 2 Brote legen, darauf je 1 Basilikumblatt. Mit den anderen Brotscheiben bedecken und die Sandwiches diagonal halbieren.

### TIPP – ZUM MITNEHMEN
Die Tramezzini in Klarsichtfolie wickeln und in eine Brotzeitbox packen.

oben: scamorza-bagel | unten: auberginen-tramezzini

WÜRZIG | MEXIKANISCH

# pitataschen mit kidneybohnen

1 Dose Kidneybohnen (125 g Abtropfgewicht)
1 Tomate | 1 Frühlingszwiebel
1 EL Olivenöl | Salz | Pfeffer
1 TL Chilipulver (Gewürzmischung)
½ Mini-Römersalat
4 Pita-Taschen (Fertigprodukt) | 4 EL Schmand

Für 2 Personen
Pro Portion ca. 570 kcal, 18 g EW, 16 g F, 87 g KH

1   Bohnen in ein Sieb gießen, abbrausen und abtropfen lassen. Tomate waschen und würfeln. Frühlingszwiebel waschen, putzen und in feine Ringe schneiden.

2   Das Gemüse mit Öl in einer Schüssel mischen, mit Salz, Pfeffer und Chili würzen. Den Salat waschen, trocken schütteln, in Streifen schneiden und unterheben.

3   Die Pita-Taschen nach Packungsangabe toasten, dann aufschneiden. Innen mit je 1 EL Schmand bestreichen, den Bohnenmix einfüllen. Sofort servieren.

**AUCH SCHÖN  Für indische Pitas Kidneybohnen durch Kichererbsen ersetzen und Chili- durch Currypulver. Brote mit Mangochutney bestreichen.**

PICKNICKTAUGLICH

# tofu-wrap mit ajvar

100 g Doppelrahm-Frischkäse
1 EL Ajvar (Paprikamus im Glas; nach Belieben scharf oder mild)
2 Weizen-Tortillas (21 cm Ø)
2 Handvoll Rucola
100 g Räuchertofu (Reformhaus)
1 Bio-Minigurke

Für 2 Personen
Pro Portion ca. 395 kcal, 18 g EW, 21 g F, 34 g KH

1   Den Frischkäse mit dem Ajvar verrühren. Auf die Tortillas streichen, rundherum 1 cm Rand frei lassen.

2   Den Rucola waschen, verlesen und trocken schütteln. Die groben Stiele abknipsen. Den Tofu in dünne Scheiben schneiden. Die Gurke waschen, abtrocknen und in feine Streifen schneiden.

3   Die Tortillas mit dem Tofu und den Gurken belegen, dann den Rucola darauf verteilen. Die Fladen fest zu Wraps aufrollen, schräg halbieren und die unteren Enden in Pergamentpapier wickeln. Zum Mitnehmen in eine Frischhaltebox packen.

**AUCH SCHÖN  Die Creme auf knusprig geröstete Baguettescheiben streichen. Die Gurke und den Tofu klein würfeln, den Rucola hacken. Gurke, Tofu und Rucola mischen und auf den Baguettescheiben verteilen. Oder statt der Tortillas 2 dünne neutrale Pfannkuchen (s. S. 124) mit den oben angegebenen Zutaten füllen und aufrollen. Wer sie mitnehmen möchte, wickelt sie am besten in Frischhaltefolie.**

RAFFINIERT

# kohlrabi-fritten mit wasabi-quark

**Für die Fritten**
1 kg Fett oder neutrales Öl zum Frittieren
2 zarte Kohlrabi (ca. 500 g)
Meersalz | Pfeffer
**Für den Quark**
125 g Speisequark
2 EL Joghurt
1 TL Wasabi-Paste (Tube; Asienregal;
   ersatzweise 1 TL geriebener Meerrettich; Glas)
2 TL Limettensaft
Salz | Pfeffer
4 Stängel Koriandergrün

Für 2 Personen
Pro Portion ca. 295 kcal, 11 g EW, 24 g F, 9 g KH

**1**  Das Frittierfett in einem stabilen Topf oder in einer Fritteuse auf 160° (s. Tipp) erhitzen.

**2**  Inzwischen den Kohlrabi putzen, schälen und in Spalten schneiden. Die Kohlrabispalten portionsweise im heißen Fett in 4–5 Min. knusprig ausbacken. Dann mit einer Schaumkelle herausheben, auf Küchenpapier kurz abtropfen lassen und mit Meersalz und Pfeffer würzen. Fertige Fritten im Ofen bei 100° warm halten.

**3**  Gleichzeitig den Quark mit dem Joghurt cremig rühren. Wasabi oder Meerrettich und Limettensaft unterrühren. Die Mischung mit Salz und Pfeffer würzen. Das Koriandergrün abbrausen, trocken schütteln, die Blätter abzupfen, hacken und unter den Quark heben. Die Fritten noch heiß mit dem Wasabi-Quark servieren.

**FRITTIEREN OHNE FETTTHERMOMETER?**
**Kein Problem! Das Fett hat etwa 160°, wenn ein Brotwürfel darin in ca. 30 Sek. bräunt. Oder es bilden sich am Stiel eines in das heiße Öl gehaltenen Holzlöffels kleine Bläschen.**

SOMMERLICH LEICHT

# gratinierte tomaten mit oregano

4 reife Strauchtomaten
1 Knoblauchzehe
5 Zweige Oregano
4 EL Olivenöl
2 EL Semmelbrösel
Salz | Pfeffer
2 EL frisch geriebener Hartkäse
Olivenöl für die Form

Für 2 Personen
Pro Portion ca. 300 kcal, 4 g EW, 27 g F, 4 g KH

**1**  Den Backofen auf 200° (Umluft 180°) vorheizen. Die Tomaten waschen, von Stielansätzen befreien und quer halbieren. Eine ofenfeste Form (ca. 30 x 20 cm) mit Olivenöl einfetten. Die Tomaten mit der Schnittfläche nach oben in die Form legen.

**2**  Den Knoblauch schälen und durch die Presse drücken. Den Oregano waschen, die Blätter abzupfen und grob hacken. Knoblauch und Oregano mit Olivenöl und Semmelbröseln mischen, mit Salz und Pfeffer würzen.

**3**  Die Mischung über die Tomaten streuen und im Ofen (unten) in 10 Min. knusprig überbacken. Die Tomaten aus dem Ofen nehmen und mit dem Käse bestreuen.

**SCHÖN DAZU**  Ciabatta oder Baguette

MIT ASIEN-KICK

# überbackener ananas-toast

4 Scheiben Vollkorntoast
4 TL Kräuterbutter
5 Scheiben Chilikäse (ca. 180 g; z. B. Gouda
   oder Grüntaler)
4 Ananasscheiben (ca. 140 g; Dose)
4 TL süßsaure Chilisauce
½ Beet Kresse

Für 2 Personen
Pro Portion ca. 460 kcal, 29 g EW, 25 g F, 29 g KH

**1** Den Backofen auf 200° (Umluft 180°) vorheizen. Die Toastscheiben mit der Kräuterbutter bestreichen und auf ein mit Backpapier belegtes Backblech legen. Jeden Toast mit 1 Scheibe Käse belegen. Die übrige Käsescheibe in Streifen schneiden.

**2** Die Ananasscheiben auf einem Sieb abtropfen lassen und auf die Toasts legen. Je 1 TL Chilisauce in die Mitte der Ananasscheiben geben. Die Käsestreifen gleichmäßig auf die Toasts verteilen.

**3** Die Toasts im Ofen (Mitte) 12 Min. backen. Die Kresse vom Beet schneiden und vor dem Servieren auf die Toastbrote streuen.

**AUCH SCHÖN** Manche mögen´s schärfer: Die Toasts nach dem Backen mit etwas Cayennepfeffer bestäuben, dann mit der Kresse bestreuen.

MITTELMEER-LIAISON

# halloumi-pizza

400 g Pizzateig (fertig ausgerollt; Kühlregal)
400 g Pizza-Tomatensugo (Dose)
Salz | Pfeffer
1 Prise Zucker
1 Knoblauchzehe
125 g Halloumi (zypriotische Käsespezialität; s. Tipp)
1 TL getrocknete italienische Kräutermischung
200 g Kirschtomaten
2 Handvoll Rucola
40 g Hartkäse

Für 4 Stück
Pro Stück ca. 450 kcal, 20 g EW, 17 g F, 54 g KH

**1** Den Backofen auf 220° (Umluft 200°) vorheizen. Den Pizzateig nach Packungsangabe entrollen und mit dem Backpapier auf ein Backblech legen. Den Tomatensugo mit Salz, Pfeffer und Zucker würzen. Den Knoblauch schälen und dazupressen. Den Sugo auf dem Teig verteilen. Den Halloumi in dünne Scheiben schneiden und auf den Teig legen. Mit der Kräutermischung bestreuen. Die Pizza im Ofen (unten) 12–15 Min. backen.

**2** Inzwischen die Kirschtomaten waschen und halbieren. Den Rucola waschen, putzen, trocken schleudern und verlesen. Den Hartkäse in feine Späne hobeln.

**3** Nach dem Backen die Pizza in vier Stücke schneiden und jedes mit Tomaten, Rucola und Hartkäse belegen. Sofort servieren.

**AUCH SCHÖN** Wer mag, kann vor dem Servieren noch 50 g schwarze Oliven auf der Pizza verteilen.

**INFO – HALLOUMI**
Das ist ein Käse aus Ziegen-, Schafs- und Kuhmilch, der ursprünglich aus Zypern kommt. In der Konsistenz ähnelt er dem Mozzarella, schmeckt aber kräftiger. Er wird in Salzlake vakuumverpackt angeboten.

MANDELKNUSPRIG

# gebackener feta mit feigen

200 g Schafskäse (Feta)
100 g blaue Feigen | 1 Ei | Pfeffer
½ TL getrockneter Oregano
2 EL Semmelbrösel
2 EL gemahlene Mandeln | 2 EL Mehl
100 ml Olivenöl

Für 2 Personen
Pro Portion ca. 660 kcal, 25 g EW, 53 g F, 14 g KH

**1** Den Feta trocken tupfen und in 2 cm große Würfel schneiden. Die Feigen waschen, vorsichtig trocken tupfen und in Spalten schneiden.

**2** Das Ei mit 1 EL Wasser, Pfeffer und Oregano in einem tiefen Teller verquirlen. Semmelbrösel und Mandeln auf einem zweiten Teller mischen. Das Mehl auf einen dritten Teller geben. Die Käsewürfel erst in Mehl, dann im Ei und zum Schluss in der Mandelmischung wenden.

**3** Das Öl in einer großen Pfanne erhitzen. Die Käsewürfel darin bei mittlerer Hitze rundherum in 3–4 Min. goldbraun braten. Mit einer Schaumkelle herausheben, kurz abtropfen lassen, dann mit den Feigen auf zwei Tellern anrichten. Sofort servieren.

KLEINE ÜBERRASCHUNG

# ziegenkäse mit polentakruste

150 g Salatmischung (Kühlregal)
8 gelbe und rote Kirschtomaten
1 ½ EL Polenta (Maisgrieß)
4 kleine runde Ziegenfrischkäse (à 40 g)
3 EL Olivenöl
2 EL Balsamico bianco
½ TL scharfer Senf
Salz | Pfeffer
1-2 TL flüssiger Honig

Für 2 Personen
Pro Portion ca. 445 kcal, 15 g EW, 33 g F, 19 g KH

**1** Die Salatmischung waschen, gründlich trocken schütteln und auf zwei Tellern anrichten. Die Tomaten waschen, halbieren und dazulegen.

**2** Die Polenta auf einen Teller geben und die Ziegenkäse darin wenden. 1 EL Olivenöl in einer beschichteten Pfanne erhitzen und die Ziegenkäse darin auf jeder Seite in 1–2 Min. goldbraun braten.

**3** Inzwischen den Essig mit Senf, Salz, Pfeffer und restlichem Olivenöl verrühren und über den Salat träufeln. Den Käse darauflegen und mit dem Honig beträufeln. Sofort servieren.

**SCHÖN DAZU** Walnussbrot oder Baguette

**AUCH SCHÖN** Statt Ziegenkäse 200 g Feta in größere Würfel schneiden. In drei tiefe Teller separat 2 EL Mehl, 1 verquirltes Ei und 40 g Semmelbrösel geben. Die Käsewürfel erst im Mehl, dann im Ei und zum Schluss in den Bröseln wenden. Dann die Fetawürfel wie beschrieben in heißem Öl ausbacken.

ROSMARIN-WÜRZIG

# rührei mit kräuterseitlingen

250 g Kräuterseitlinge (ersatzweise Egerlinge)
1 Knoblauchzehe
1 kleiner Zweig Rosmarin (oder 1 TL getrockneter
   Rosmarin)
1 EL Olivenöl
Salz | Pfeffer
4 Eier
2 EL Milch
1 TL Butter
6 Basilikumblätter

Für 2 Personen
Pro Portion ca. 275 kcal, 19 g EW, 19 g F, 6 g KH

**1**  Die Pilze putzen, abreiben und in Scheiben schneiden. Den Knoblauch schälen und fein würfeln. Den Rosmarin abbrausen, die Blätter abstreifen und hacken.

**2**  Das Öl in einer großen beschichteten Pfanne erhitzen. Die Pilze hineingeben und bei mittlerer Hitze 3–4 Min. braten. Knoblauch und Rosmarin hinzufügen und kurz mitbraten. Salzen und pfeffern.

**3**  Inzwischen die Eier mit Milch, Salz und Pfeffer verquirlen. Die Pilze an den Pfannenrand schieben. Die Butter in der Pfanne zerlassen, die Eiermilch hineingießen und bei milder Hitze in 3–4 Min. stocken lassen, dabei die Eiermasse vom Rand her in die Mitte zusammenschieben. Das Rührei mit den Pilzen anrichten. Die Basilikumblätter abreiben, grob zerzupfen und obenauf streuen.

**AUCH SCHÖN**  Statt der Pilze je 1 kleine rote und gelbe Paprikaschote nehmen und klein würfeln. Den Rosmarin durch 2–3 Zweige Thymian ersetzen.

KLASSIKER AUF NEUE ART

# spinat-omelett aglio e olio

2 Knoblauchzehen
1 rote Chilischote
50 g Blattspinat (küchenfertig; Kühlregal)
4 Eier (Größe L)
5 EL Sahne
60 g geriebener Hartkäse
Salz | Pfeffer
frisch geriebene Muskatnuss
2 EL Olivenöl
1 EL Butter

Für 2 Personen
Pro Portion ca. 490 kcal, 26 g EW, 42 g F, 3 g KH

**1**  Die Knoblauchzehen schälen und fein würfeln. Die Chilischote (am besten mit Einmalhandschuhen) putzen, entkernen und fein würfeln. Die Spinatblätter waschen, abtropfen lassen und grob hacken.

**2**  Die Eier mit der Sahne und 40 g Hartkäse verrühren. Mit Salz, Pfeffer und Muskat würzen.

**3**  In einer beschichteten Pfanne (26 cm Ø) das Öl und die Butter erhitzen. Den Knoblauch und den Chili darin bei mittlerer Hitze 1 Min. anbraten. Die Eiersahne darübergießen und 2 Min. braten, dann die Spinatblätter darauf verteilen und bei milder Hitze weitere 2 Min. stocken lassen. Das Omelett mit dem übrigen Käse bestreuen und zugedeckt noch 3–4 Min. backen, bis der Käse leicht geschmolzen ist.

**4**  Das Omelett vorsichtig aus der Pfanne lösen und in zwei Hälften schneiden. Auf zwei kleinen vorgewärmten Tellern anrichten.

**SCHÖN DAZU**  Vollkornbrot oder geröstetes Toastbrot

AUCH ALS HAUPTGERICHT

# eier in grüner sauce

3 Eier
1 Packung TK-Salatkräuter (50 g)
2 EL Mayonnaise
150 g Joghurt
½ TL Dijonsenf
1 TL Zitronensaft
1 Cornichon
1 kleine Schalotte
Salz | Pfeffer
1–2 Stängel Petersilie

Für 2 Personen
Pro Portion ca. 315 kcal, 17 g EW, 24 g F, 8 g KH

**1**   Die Eier in 10 Min. hart kochen, kalt abschrecken und auskühlen lassen.

**2**   Inzwischen die Kräuter antauen lassen. Die Mayonnaise mit dem Joghurt, Senf und Zitronensaft verrühren. Die Gewürzgurke in winzig kleine Würfel schneiden. Die Schalotte schälen und fein würfeln. Die Gurken- und Schalottenwürfel sowie die Kräuter unter die Sauce rühren. Mit Salz und Pfeffer würzen.

**3**   Die Eier pellen, längs halbieren und in der grünen Sauce anrichten. Die Petersilie abbrausen, die Blätter abzupfen und die Eier damit garnieren.

**SCHÖN DAZU**   Pumpernickel oder Vollkornbrot

**AUCH SCHÖN**   Als Hauptgericht die Eier mit TK-Rösti-Ecken servieren. Diese nach Packungsangabe braten, während die Eier kochen.

PIKANT-SCHARF

# pochierte eier auf tomaten-chilisauce

75 ml Essig
4 ganz frische Eier
1 Schalotte
1 kleine Dose stückige Tomaten (200 g Inhalt)
2 TL Aceto balsamico
Salz | Pfeffer
3–4 Spritzer Tabasco
4–6 Blätter Kopfsalat
50 g schwarze Oliven (ohne Stein)

Für 2 Personen
Pro Portion ca. 330 kcal, 15 g EW, 16 g F, 5 g KH

**1**   In einem Topf 1 l Wasser mit dem Essig aufkochen. Die Eier einzeln in eine Schöpfkelle schlagen und vorsichtig in das leise kochende Wasser gleiten lassen. Sofort die Eiweiß über die Eigelbe löffeln. Die Eier 3–4 Min. pochieren, dann herausnehmen.

**2**   Inzwischen die Schalotte schälen und würfeln. Mit den stückigen Tomaten in eine hohe Rührschüssel geben und glatt pürieren. Mit Essig, Salz, Pfeffer und einigen Spritzern Tabasco scharf abschmecken.

**3**   Die Salatblätter waschen, trocken schütteln und grob zerpflücken. Die pochierten Eier mit den Salatblättern und der Tomatensauce anrichten. Die Oliven halbieren und auf Eiern und Salat verteilen.

**SCHÖN DAZU**   Baguette oder Stangenweißbrot

# NUDEL-GLÜCK

# PRONTO – PASTA

*Die Quickies unter den Nudeln findet man frisch im Kühlregal oder getrocknet bei den Asienprodukten. Sie kommen aus Italien oder Fernost. Während sie garen, muss man nur rasch ein paar Zutaten zusammen-mischen – und schon ist das Essen fertig!*

## PASTA VORKOCHEN

Die Nudeln 2–3 Minuten kürzer als ange-geben kochen. In einem Sieb gut abtrop-fen lassen. Vor dem Servieren in die heiße Sauce geben und in 2–3 Minuten gar ziehen lassen. Nebeneffekt: Die Stärke der Nudeln bindet die Sauce.

## HEISSES WASSER

Mindestens 1 Liter Wasser braucht man pro 100 g Nudeln. Erhitzt man es vorher im Wasserkocher oder nimmt heißes Was-ser aus der Leitung, spart man beim Auf-kochen im Topf viel Zeit.

## SCHNELLE SORTEN

Frische Nudeln aus dem Kühlregal schmecken fast wie selbstgemacht und sind in nur 2 Minuten fertig: Spa-ghetti, Bandnudeln und Eierspätzle oder gefüllte Nudeln wie Ravioli und Tortelloni lassen die Genießerherzen höher schlagen. Bei Pastasorten aus Hartweizengrieß sind lange, dünne Sorten wie Spaghettini und Linguine (Garzeit: 4–5 Minuten) und kurze, dicke wie Penne, Farfalle und Spiralen (Garzeit: 8 Minuten) immer ein Renner. Asiatische Nudeln wie Mie-, Reis- oder Glasnudeln werden oft nur überbrüht oder kurz aufgekocht und ziehen in wenigen Minuten gar.

# blitzschnelle nudelsaucen

## TOMATENSAUCE MIT RÖSTZWIEBELN

Für 2 Personen 1 EL Olivenöl erhitzen. 1 Knoblauchzehe schälen und fein würfeln, mit 1 Pck. TK-Suppengrün (70 g) im Topf 1–2 Min. andünsten. 250 g passierte Tomaten einrühren. Den Sugo halb zugedeckt bei milder Hitze 5 Min. kochen. Salzen und pfeffern. Vor dem Servieren 2 EL Röstzwiebeln obenauf streuen.

## GRÜNE KÄSESAUCE

Für 2 Personen 150 ml Milch in einem Topf aufkochen. 1 gehäuften EL helle Mehlschwitze-Flocken (Fertigprodukt) unterrühren. 80 g geriebenen Emmentaler dazugeben und unter Rühren schmelzen lassen. 2 EL Bärlauch-Pesto (Fertigprodukt) einrühren. Die Sauce mit 1–2 TL Zitronensaft, Salz und Pfeffer würzen.

## ZITRONEN-ERBSENSAUCE

Für 2 Personen 200 ml Gemüsefond (Glas) und 75 g Crème fraîche in einem Topf verrühren und aufkochen. 2 EL hellen Saucenbinder einrühren. 125 g TK-Erbsen unterheben, die Sauce bei milder Hitze 2–3 Min. köcheln. Anschließend mit Salz, Pfeffer, 1 Prise Zucker, 1 EL Zitronensaft und ¼ TL abgeriebener Bio-Zitronenschale würzen. 4–6 Basilikumblätter aufstreuen.

MIT FRISCHE-KICK

# spaghetti aglio e limone

200 g Spaghetti
Salz
50 g Rucola
1 Bio-Zitrone
3 Knoblauchzehen
50 ml Olivenöl
Pfeffer
40 g frisch geriebener Hartkäse

Für 2 Personen
Pro Portion ca. 675 kcal, 48 g EW, 33 g F, 77 g KH

1  Die Nudeln nach Packungsangabe in 2 l kochendem Salzwasser bissfest garen.

2  Inzwischen den Rucola waschen, trocken schütteln und verlesen. Die harten Stiele abknipsen, die Blätter grob hacken. Die Zitrone heiß waschen und abtrocknen, die Schale mit einem Zestenschneider in feinen Streifen abziehen. Oder die Zitrone schälen und die Schale in feine Streifen schneiden. Den Knoblauch schälen und in dünne Scheiben schneiden.

3  Das Öl in einer Pfanne erhitzen. Den Knoblauch und zwei Drittel der Zitronenschale darin bei milder Hitze leicht anbraten. Die Spaghetti in ein Sieb gießen, abtropfen lassen und im heißen Knoblauchöl wenden. Den Rucola unterheben.

4  Die Spaghetti mit Salz würzen und kräftig pfeffern. Mit dem Käse und der übrigen Zitronenschale bestreuen. Sofort servieren.

REICH AN VITAMIN C

# nudeln mit spinat und gorgonzolasauce

250 g frischer Blattspinat (küchenfertig; Kühlregal)
400 g frische Nudeln (z. B. Tagliatelle; Kühlregal)
Salz
125 ml Milch
5 EL Sahne
1 EL Instant-Kartoffelpüreeflocken
50 g Gorgonzola
Pfeffer
1 Schalotte
1 Knoblauchzehe
1 EL Olivenöl

Für 2 Personen
Pro Portion ca. 555 kcal, 21 g EW, 27 g F, 65 g KH

1  Den Spinat kurz abbrausen und abtropfen lassen. Die Nudeln nach Packungsangabe in 2 l kochendem Salzwasser bissfest garen.

2  Inzwischen die Milch mit der Sahne aufkochen, die Kartoffelpüree-Flocken einrühren. Den Gorgonzola in Bröckchen teilen, in die heiße Sauce geben und rühren, bis er sich aufgelöst hat. Mit Salz und Pfeffer würzen. Die Sauce warm halten.

3  Die Schalotte und den Knoblauch schälen und fein würfeln. Das Öl in einer großen Pfanne erhitzen. Die Schalotte darin glasig braten. Den Spinat und den Knoblauch hinzufügen und zugedeckt bei mittlerer Hitze in 2–3 Min. zusammenfallen lassen. Den Spinat mit Salz und Pfeffer würzen.

4  Die Nudeln abgießen und abtropfen lassen. Mit dem Spinat mischen. Auf vorgewärmten Tellern anrichten und mit der Käsesauce überziehen.

SCHÖN DAZU  Das Nudelgericht zum Schluss mit 2 EL gehackten Walnüssen toppen.

CHILISCHARF

# penne mit mais-tomaten-sugo

200 g Penne
Salz
1 kleine Zwiebel
1 Knoblauchzehe
1 kleine Dose Mais (140 g Abtropfgewicht)
1 EL Olivenöl
1 Dose stückige scharfe Tomaten (400 g)
Pfeffer | Zucker
1–2 Zweige Oregano
2 EL geriebener Emmentaler (Kühlregal)

Für 2 Personen
Pro Portion ca. 550 kcal, 19 g EW, 6 g F, 96 g KH

1  Die Nudeln nach Packungsangabe in 2 l kochendem Salzwasser bissfest garen.

2  Inzwischen die Zwiebel und den Knoblauch schälen und fein würfeln. Den Mais in ein Sieb abgießen, abbrausen und gut abtropfen lassen.

3  Das Öl in einer Pfanne erhitzen. Die Zwiebel und den Knoblauch darin bei schwacher Hitze anbraten. Die Tomaten und den Mais hinzufügen. Alles mit Salz, Pfeffer und Zucker würzen. Den Mais-Tomaten-Sugo aufkochen und bei milder Hitze 5 Min. garen.

4  Die gegarten Nudeln abgießen und abtropfen lassen, dabei 4 EL Nudelkochwasser auffangen. Die Penne samt dem aufgefangenen Kochwasser unter die Sauce mischen und nochmals erhitzen. Den Oregano abbrausen, die Blättchen abzupfen und hacken. Die Nudeln in vorgewärmten tiefen Tellern anrichten, Emmentaler und Oregano darüberstreuen.

KLASSIKER MAL VEGETARISCH

# linsen-pasta bolognese

200 g Nudeln (z. B. Fusilli oder Spirelli)
Salz
1 kleine Möhre
1 kleine Stange Staudensellerie
1 kleine Zwiebel
1 Knoblauchzehe
1 EL Olivenöl
130 g kleine braune Linsen (Dose; abgetropft)
2 TL Tomatenmark
75 ml Gemüsebrühe
1 kleine Dose stückige Tomaten (200 g)
½ TL getrockneter Oregano
Pfeffer

Für 2 Personen
Pro Portion ca. 505 kcal, 19 g EW, 7 g F, 90 g KH

1  Die Nudeln in 2 l kochendem Salzwasser nach Packungsangabe bissfest garen, dann abgießen und kurz abtropfen lassen.

2  Inzwischen die Möhre und den Sellerie waschen, putzen und in kleine Würfel schneiden. Die Zwiebel und den Knoblauch schälen und fein würfeln.

3  In einem breiten Topf das Öl erhitzen und Zwiebel und Knoblauch darin glasig braten. Das Gemüse dazugeben und 2–3 Min. mitbraten. Linsen und Tomatenmark einrühren. Mit der Brühe ablöschen und alles zum Kochen bringen. Tomaten und Oregano dazugeben und alles offen bei milder Hitze 10 Min. kochen lassen, dabei ab und zum umrühren. Mit Salz und Pfeffer abschmecken. Das Linsengemüse mit den Nudeln in vorgewärmten Tellern anrichten.

SCHÖN DAZU  Das Pastagericht vor dem Servieren mit frisch geriebenem Hartkäse bestreuen.

PROVENZALISCH INSPIRIERT

# makkaroni
# mit gemüseragout

Salz | 200 g kurze Makkaroni
1 EL Olivenöl
300 g französisches TK-Pfannengemüse
1 Knoblauchzehe
1 Dose stückige Tomaten (400 g)
100 ml Gemüsebrühe
1 TL Kräuter der Provence | Pfeffer
4–6 Basilikumblätter
10 schwarze Oliven

Für 2 Personen
Pro Portion ca. 675 kcal, 22 g EW, 23 g F, 93 g KH

1   2 l Wasser zum Kochen bringen, salzen und die
Makkaroni darin nach Packungsangabe bissfest garen.

2   Inzwischen das Öl in einer großen Pfanne erhitzen.
Das Pfannengemüse dazugeben und bei starker bis
mittlerer Hitze unter gelegentlichem Wenden 5 Min.
braten. Den Knoblauch schälen und dazupressen. Tomaten, Brühe und Kräuter der Provence gut untermischen. Das Ragout bei mittlerer Hitze 5–6 Min. kochen
lassen. Salzen und pfeffern.

3   Die Nudeln abgießen, abtropfen lassen und mit
der heißen Gemüsesauce mischen. Auf vorgewärmten
Tellern anrichten. Die Basilikumblätter grob zerzupfen.
Mit den Oliven über das Gericht streuen.

AUS DEM VORRAT

# kräuternudeln
# mit tomaten-pesto

200 g Spaghettini
Salz
1 Knoblauchzehe
4 getrocknete Tomaten (in Öl)
2 EL Pinienkerne
4 EL Olivenöl
2 TL Aceto balsamico
2 EL geriebener Hartkäse
Pfeffer
200 g Kirschtomaten
2 EL italienische TK-Kräuter

Für 2 Personen
Pro Portion ca. 675 kcal, 17 g EW, 30 g F, 81 g KH

1   Die Nudeln nach Packungsangabe in 2 l gesalzenem
Wasser bissfest garen.

2   Inzwischen den Knoblauch schälen und grob
hacken. Die getrockneten Tomaten abtropfen lassen
und hacken. Knoblauch und Tomaten mit den Pinienkernen, Olivenöl und Essig mit dem Pürierstab oder im
Blitzhacker fein pürieren.

3   Den Käse untermischen, salzen und pfeffern. Die
Kirschtomaten waschen und halbieren.

4   Die Nudeln in ein Sieb abgießen und nicht abtropfen lassen, sondern gleich mit Tomaten, Kräutern und
Tomaten-Pesto mischen.

PIKANT-WÜRZIG

# gemüse-linguine mit kapern

200 g Linguine
Salz
1 Stange Lauch
100 g Kirschtomaten
1 Knoblauchzehe
60 g Kapernäpfel (Glas) oder Kapern
2 EL Olivenöl
30 g gehackte Mandeln
½ TL Pulbiber (scharfe Paprikaflocken; s. S. 34)
Pfeffer

Für 2 Personen
Pro Portion ca. 575 kcal, 17 g EW, 20 g F, 82 g KH

1   Die Nudeln in 2 l kochendem Salzwasser nach Packungsangabe bissfest garen. Inzwischen den Lauch längs halbieren, putzen, gründlich waschen und nochmal quer halbieren. In dünne Streifen schneiden und 3 Min. vor Ende der Garzeit zu den Nudeln geben, bis zum Schluss mitkochen.

2   Inzwischen die Tomaten waschen und halbieren. Den Knoblauch schälen und in Scheiben schneiden. Die Kapernäpfel oder Kapern abtropfen lassen. Das Öl in einer großen Pfanne erhitzen. Knoblauch, Mandeln und Paprikaflocken darin bei schwacher Hitze 2 Min. braten.

3   Nudeln und Lauch zusammen abgießen, dabei 4 EL Nudelkochwasser auffangen. Nudeln, Lauch und Wasser in die Pfanne geben. Die Kapernäpfel oder Kapern und die Tomaten unterheben. Die Gemüse-Linguine kräftig mit Salz und Pfeffer abschmecken.

VITAMIN-C-REICH

# farfalle mit brokkolisauce

Salz
200 g Mini-Farfalle
1 Schalotte
1 Knoblauchzehe
1 EL Butter
300 g TK-Brokkoli
100 ml Gemüsebrühe
½ Bund Petersilie
100 g Crème fraîche
Pfeffer
frisch geriebene Muskatnuss
50 g Ricotta

Für 2 Personen
Pro Portion ca. 685 kcal, 21 g EW, 30 g F,  82 g KH

1   2 l Salzwasser zum Kochen bringen und die Nudeln darin nach Packungsangabe bissfest garen.

2   Inzwischen die Schalotte und den Knoblauch schälen und fein würfeln. Die Butter zerlassen und beides darin glasig braten. Den Brokkoli und die Brühe dazugeben, aufkochen und zugedeckt bei mittlerer Hitze 6–7 Min. kochen lassen.

3   Die Petersilie waschen, trocken schütteln, abzupfen und bis auf einige Blätter hacken. Mit der Crème fraîche zum Brokkoli geben. Alles mit dem Pürierstab fein pürieren und schaumig aufmixen. Mit Salz, Pfeffer und Muskat würzen.

4   Die Nudeln abgießen, abtropfen lassen und unter die Brokkolisauce heben. In tiefen Tellern anrichten. Den Ricotta zerbröckeln und darüberstreuen. Mit der übrigen Petersilie garnieren.

AUCH SCHÖN   Kräftiger schmeckt´s mit Ziegenfrischkäse statt mit Ricotta als Topping.

oben: gemüse-linguine mit kapern | unten: farfalle mit brokkolisauce

SAHNIG-CREMIG

# tortelloni in paprikasahne

1 Zwiebel | 1 EL Olivenöl
1 TL rosenscharfes Paprikapulver
200 ml Gemüsebrühe
150 g Schmand | Salz | Pfeffer
400 g Tortelloni mit Frischkäse-Füllung (Kühlregal)
3 EL Ajvar (milde bzw. scharfe Paprikapaste; Glas)
½ Bund Schnittlauch

Für 2 Personen
Pro Portion ca. 640 kcal, 21 g EW, 32 g F, 66 g KH

**1** Die Zwiebel schälen und fein würfeln. Das Öl erhitzen und die Zwiebel darin glasig braten. Das Paprikapulver darüberstäuben und kurz anschwitzen. Brühe angießen, Schmand einrühren und bei mittlerer Hitze 3 Min. kochen lassen. Mit Salz und Pfeffer würzen.

**2** Die Tortelloni in die Sauce geben und bei milder Hitze 3 Min. ziehen lassen. Den Ajvar unterrühren.

**3** Den Schnittlauch waschen, trocken schütteln und in feine Röllchen schneiden. Die Hälfte der Röllchen vorsichtig unter die Tortelloni mischen, den Rest obendrauf streuen. Sofort servieren.

RAFFINIERT KOMBINIERT

# spitzkohl-ravioli

400 g Ravioli mit Ricotta-Füllung (Kühlregal)
Salz
350 g Spitzkohl
2 EL Butter
100 ml Gemüsebrühe
75 g Sahne
Pfeffer
½ TL abgeriebene Schale von 1 Bio-Zitrone
½ Bund Petersilie
50 g geriebener Gouda (Kühlregal)

Für 2 Personen
Pro Portion ca. 635 kcal, 29 g EW, 33 g F, 55 g KH

**1** Die Ravioli in Salzwasser nach Packungsangabe garen. Dann in ein Sieb abgießen, abtropfen lassen. Inzwischen den Spitzkohl putzen, ohne den harten Strunk in 2 cm große Stücke schneiden. Die Butter in einer großen beschichteten Pfanne erhitzen, den Kohl unter Wenden bei mittlerer Hitze 5 Min. anbraten.

**2** Die Ravioli in die Pfanne geben. Brühe und Sahne dazugießen und alles bei mittlerer Hitze in 3–4 Min. einkochen lassen. Die Spitzkohl-Ravioli mit Salz, Pfeffer und Zitronenschale würzen.

**3** Petersilie waschen, trocken schütteln, abzupfen und fein hacken. Mit dem Käse über die Pasta streuen.

**AUCH SCHÖN** Abwechslung gefällig? Dann tauschen Sie die Ravioli gegen Gnocchi (gefüllte oder ungefüllte) aus dem Kühlregal aus. Nach Packungsangabe garen und wie beschrieben weiterverarbeiten.

FEIN AROMATISCH

# penne mit zuckerschoten

200 g Penne
Salz
125 g Zuckerschoten
150 g geröstete rote Paprikaschoten (Glas)
30 g Walnusskerne
3 EL Olivenöl
2 TL gehackter Rosmarin
Pfeffer
150 g Mini-Mozzarellakugeln (Kühlregal)
1 Handvoll Basilikumblätter

Für 2 Personen
Pro Portion ca. 825 kcal, 31 g EW, 41 g F, 84 g KH

1 Die Nudeln nach Packungsangabe in 2 l kochendem Salzwasser garen.

2 Inzwischen die Zuckerschoten putzen, waschen und schräg halbieren. Die Paprika abtropfen lassen und in Streifen schneiden. Die Nüsse grob hacken.

3 Das Öl in einer großen Pfanne erhitzen. Die Zuckerschoten und Walnüsse hineingeben und bei mittlerer Hitze unter Wenden 3–4 Min. braten. Mit Rosmarin, Salz und Pfeffer würzen. Die Paprikaschoten dazugeben und kurz mitbraten.

4 Die Nudeln abgießen und tropfnass unter das Gemüse mischen. Die Mozzarellakugeln abtropfen lassen, unterheben und bei milder Hitze 2–3 Min. ziehen lassen. Die Gemüse-Nudeln auf Teller verteilen und mit dem Basilikum bestreuen.

SOMMERLICH LEICHT

# reisnudeln mit zucchini und feta

100 g Kritharaki (reisförmige Nudeln; s. Info)
Salz
400 g junge Zucchini
1 Knoblauchzehe
2 EL Olivenöl
6 EL Gemüsebrühe
1 EL Zitronensaft
100 g Feta
50 g schwarze Oliven, ohne Stein (Glas)
½ Bund Petersilie | Pfeffer
Pulbiber zum Bestreuen (scharfe Paprikaflocken;
    s. Info S. 34)

Für 2 Personen
Pro Portion ca. 450 kcal, 19 g EW, 23 g F, 41 g KH

1 Die Nudeln in 1 l kochendem Salzwasser nach Packungsangabe bissfest garen.

2 Inzwischen die Zucchini putzen, waschen und in ½ cm dicke Scheiben schneiden. Den Knoblauch schälen und fein hacken. Das Öl in einer großen Pfanne erhitzen. Die Zucchini darin bei starker Hitze 2 Min. anbraten. Die Knoblauchzehe dazugeben und kurz mitbraten. Die Brühe und den Zitronensaft hinzufügen und alles zugedeckt bei mittlerer Hitze 3 Min. dünsten.

3 Den Feta in grobe Würfel schneiden. Die Oliven abtropfen lassen. Die Petersilie abbrausen, trocken schütteln und die Blätter abzupfen. Die Nudeln abgießen, kurz abtropfen lassen, mit Feta, Oliven und Petersilie zu den Zucchini geben, alles vorsichtig salzen und pfeffern. Mit Pulbiber bestreuen.

### INFO – KRITHARAKI
Diese Nudeln sind nicht aus Reis, sondern haben nur die Form eines Reiskorns und werden aus Hartweizengrieß hergestellt. In Griechenland heißen sie auch Manestra; in Italien Orzo, Risoni oder Risi. Man kann sie wie Pasta, aber auch wie ein Risotto zubereiten.

MIT SCHÄRFE-KICK

# tagliatelle mit kokos-erdnuss-sauce

250 g Tagliatelle
Salz
300 g Romanesco oder Brokkoli
100 ml Kokosmilch (Dose)
¼ l Gemüsebrühe
2 EL Erdnusscreme mit Stückchen (»Crunchy«)
1 EL Limettensaft
1–2 EL helle Sojasauce
½ TL brauner Zucker
½ TL Sambal Oelek
4 Stängel Petersilie

Für 2 Personen
Pro Portion ca. 710 kcal, 26 g EW, 20 g F, 103 g KH

1   Die Nudeln nach Packungsangabe in 2 l kochendem Salzwasser bissfest garen. Den Romanesco oder Brokkoli waschen, putzen und in kleine Röschen teilen. 3 Min. vor Ende der Garzeit zu den Nudeln geben und bei mittlerer Hitze mitkochen. Dann zusammen auf ein Sieb gießen, abschrecken und abtropfen lassen.

2   Inzwischen die Kokosmilch mit Brühe und Erdnusscreme verrühren. Aufkochen und bei mittlerer Hitze 5 Min. einkochen lassen. Mit Limettensaft, Sojasauce, Zucker und Sambal Oelek scharf würzen.

3   Die Petersilie waschen und trocken schütteln. Die Blätter abzupfen und grob hacken. Die Gemüsenudeln auf zwei Tellern anrichten, die Erdnusssauce darauf verteilen. Mit der Petersilie garniert servieren.

RAFFINIERT

# mie-nudeln mit koriander-pesto

200 g Mie-Nudeln
Salz
1 Bund Koriandergrün
1 Knoblauchzehe
½ rote Chilischote
1 kleine Bio-Limette
1 Prise Zucker
40 g Cashewkerne, geröstet und gesalzen
60 ml Erdnussöl
1 TL Sesamöl
Pfeffer

Für 2 Personen
Pro Portion ca. 780 kcal, 14 g EW, 43 g F, 80 g KH

1   Die Nudeln nach Packungsangabe in heißem Salzwasser zubereiten.

2   Inzwischen das Koriandergrün abbrausen und trocken schütteln, die Blätter abzupfen und hacken. Den Knoblauch schälen und grob hacken. Die Chilischote halbieren, entkernen, waschen und grob teilen. Die Limette heiß waschen, abtrocknen, die Schale dünn abreiben und den Saft auspressen.

3   Koriander, Knoblauch, Chili, Zucker und Cashewkerne mit Limettensaft und -schale im Blitzhacker zerkleinern. Das Erdnuss- und Sesamöl langsam untermixen, sodass eine geschmeidige Paste entsteht. Das Pesto mit Salz und Pfeffer würzen.

4   Die Nudeln abgießen und tropfnass mit dem Pesto verrühren. Auf vorgewärmten Tellern anrichten.

KARTOFFELN IM NU

# TOLLE KNOLLEN

*Auch wer es eilig hat, braucht nicht auf den geliebten Kartoffelgenuss zu verzichten. Besonders kleine und süße Knollen sowie topf- und bratfertige Kartoffelprodukte werden hier mit Raffinesse gewürzt, verfeinert und zu Tisch gebracht.*

## FRÜHE UND DRILLINGE

Frühe Sorten (ab Ende März bis Juli) sind wie die Drillinge – mit 25–40 mm ø die kleinste Sorte im Handel – ideal für die schnelle Küche. Sie sind in 12–20 Minuten gar. Wenn man die Schalen vor dem Garen unter fließendem Wasser abbürstet, kann man sie mitessen. Das erhöht Geschmack und Ballaststoffanteil.

## ÜBRIGE PELLKARTOFFELN

In der Schale abgekühlte Kartoffeln vom Vortag sind am besten für Bratkartoffeln geeignet. Sie werden krosser, und man spart beim Zubereiten viel Zeit.

## KARTOFFELPRODUKTE

Kochen, dann pellen, schneiden und braten – Kartoffeln brauchen ihre Zeit bis zum Servieren. Der Handel hält viele Produkte für die schnelle Küche parat, Fertig- und Halbfertigprodukte, die in bester Qualität zu haben sind: getrocknete, folienverpackte Produkte wie Gnocchi, Püree oder Puffer in Flockenform; tiefgekühlte Erzeugnisse, also Bratkartoffeln, Rösti, Pommes & Co ...; Kartoffelprodukte im Kühlregal, z. B. Schupfnudeln, Gnocchi, Baked Potatoes oder Kloßteig.

# blitzrezepte für kartoffelpüree

## FRÜHLINGSZWIEBEL-PÜREE

Für 2 Personen 2 Frühlingszwiebeln waschen, putzen und klein würfeln. 1 Knoblauchzehe schälen und zerdrücken. 1 Tüte Püreeflocken für 3 Portionen nach Angabe mit Wasser und Milch zubereiten. Zwiebeln, Knoblauch und 50 g Ziegenfrischkäse unterheben. Püree mit Salz, Pfeffer und abgeriebener Bio-Zitronenschale würzen. 1 EL geröstete Pinienkerne aufstreuen.

## PÜREE ALL'ITALIANA

Für 2 Personen 5 getrocknete, in Öl eingelegte Tomaten klein würfeln. 4 Stängel Petersilie waschen, abzupfen und hacken. 2 Tüten Stampfkartoffeln für je 1 Portion nach Angabe mit Wasser, Salz und Milch zubereiten. Tomaten, Petersilie, 1 EL Kapern und 1 EL Olivenöl unterrühren. Das Püree mit Salz und Pfeffer abschmecken.

## KOKOS-CURRY-PÜREE

Für 2 Personen 1 Tüte Püreeflocken für 3 Portionen nach Packungsangabe mit Salz, Wasser und Kokosmilch statt mit Milch zubereiten. Mit 2 TL scharfem Currypulver, Salz und 2 TL Limettensaft abschmecken. Mit 1 EL Sesamsamen bestreuen und mit Korianderblättern garniert anrichten.

GANZ EINFACH

# kartöffelchen mit grüner sauce

500 g Drillinge oder Frühkartoffeln | Salz
1 TL Kümmel | 2 Eier
1 Bund Basilikum | 1 Beet Kresse
½ Bund Schnittlauch | 3 EL Schmand
150 g Sahnejoghurt | Pfeffer

Für 2 Personen
Pro Portion ca. 395 kcal, 14 g EW, 19 g F, 42 g KH

1   Die Kartoffeln unter fließend kaltem Wasser abbürsten und in einen breiten Topf geben. Mit kaltem Wasser knapp bedecken und mit Salz und Kümmel würzen. Aufkochen und zugedeckt in 12–15 Min. knapp gar kochen. Gleichzeitig die Eier anpieksen und 7 Min. kochen.

2   Inzwischen für die Sauce die Basilikumblätter von den Stängeln zupfen und abreiben. Die Kresse vom Beet schneiden. Den Schnittlauch waschen, trocken schütteln und fein schneiden. Kräuter und Schmand in einer hohen Rührschüssel glatt pürieren. Den Joghurt unterrühren, mit Salz und Pfeffer würzen.

3   Die Kartoffeln abgießen und kurz ausdampfen lassen. Die Eier abgießen, abschrecken, pellen und halbieren. Beides mit der Kräutersauce anrichten.

BUNT GEMIXT

# gemüse-gröstl

500 g kleine Kartoffeln (gegart und geschält; Kühlregal) oder kleine Pellkartoffeln vom Vortag
2 kleine rote Zwiebeln
200 g Baby-Karotten (geputzt; Kühlregal)
100 g Zuckerschoten
2 EL Olivenöl
Salz | Pfeffer
2 TL Kürbiskernöl
1 EL Kürbiskerne

Für 2 Personen
Pro Portion ca. 385 kcal, 9 g EW, 18 g F, 47 g KH

1   Die Kartoffeln in dicke Scheiben schneiden. Die Zwiebeln schälen und in feine Ringe schneiden. Die Karotten abbrausen und längs halbieren. Die Zuckerschoten waschen und schräg halbieren.

2   Das Öl in einer beschichteten Pfanne erhitzen. Die Kartoffelscheiben, Möhren und Zwiebelringe darin bei mittlerer Hitze 5 Min. anbraten. Die Zuckerschoten unter Wenden 5 Min. mitbraten. Dann das Gemüse mit Salz und Pfeffer würzen.

3   Das Gröstl in vorgewärmten Tellern anrichten. Mit dem Kürbiskernöl beträufeln, mit den Kürbiskernen bestreuen und servieren.

AUCH SCHÖN   Für mehr Aroma die Kürbiskerne in einer kleinen beschichteten Pfanne ohne Fett anrösten. Auch rote und gelbe Paprikaschoten, geputzt und in feine Streifen geschnitten, passen statt Karotten und Zuckerschoten sehr gut zu dem Kürbiskernaroma.

RUSTIKAL UND KERNIG

# bunte kartoffelpfanne mit ricotta

400 g kleine neue Kartoffeln oder Drillinge
3 EL Olivenöl
Salz | Pfeffer
1–2 TL getrockneter Thymian
2 kleine Zucchini (ca. 200 g)
1 Knoblauchzehe
150 g Kirschtomaten
1 EL Pinienkerne
75 g Ricotta

Für 2 Personen
Pro Portion ca. 405 kcal, 10 g EW, 25 g F, 35 g KH

**1** Die Kartoffeln unter fließendem kaltem Wasser abbürsten, abtrocknen und längs vierteln. Das Öl in einer großen beschichteten Pfanne erhitzen. Die Kartoffeln darin bei mittlerer Hitze unter gelegentlichem Wenden in 10 Min. goldbraun braten. Mit Salz, Pfeffer und Thymian würzen.

**2** Inzwischen die Zucchini waschen, putzen und in ½ cm dünne Scheiben schneiden. Den Knoblauch schälen und in dünne Scheibchen schneiden. Nach 10 Min. Bratzeit Zucchini und Knoblauch zu den Kartoffeln geben und weitere 5 Min. mitbraten.

**3** Die Tomaten waschen, mit den Pinienkernen unter die Bratkartoffeln heben und eben erhitzen. Mit Salz und Pfeffer würzen. Den Ricotta in Flöckchen über die Kartoffelpfanne streuen.

**AUCH SCHÖN** Wer mehr Zeit hat, kann die Kartoffelpfanne (dafür die Pfannengriffe mit Alufolie umwickeln!) mit Gorgonzola statt mit Ricotta bestreuen und im vorgeheizten Backofen bei 220° (Umluft 200°; unten) 7–10 Min. überbacken.

BUNT GEMISCHT

# schupfnudelpfanne mit pilzen

200 g Egerlinge und Champignons
1 rote Spitzpaprikaschote
3 Frühlingszwiebeln
2 EL Olivenöl
1 EL Butter
500 g Schupfnudeln (Kühlregal)
1 Knoblauchzehe
50 g Rucola
Salz | Pfeffer

Für 2 Personen
Pro Portion ca. 545 kcal, 12 g EW, 17 g F, 81 g KH

**1** Die Pilze putzen, abreiben und in nicht zu dünne Scheiben schneiden. Die Spitzpaprikaschote halbieren, putzen, waschen und in feine Streifen schneiden. Die Frühlingszwiebeln waschen, putzen, die weißen Teile in feine Ringe, die hellgrünen Teile schräg in 2 cm breite Stücke schneiden.

**2** Öl und Butter in einer großen beschichteten Pfanne erhitzen. Die Frühlingszwiebeln, Pilze, Paprika und Schupfnudeln darin bei mittlerer Hitze unter Wenden 5 Min. braten, bis die Schupfnudeln goldbraun sind.

**3** Den Knoblauch schälen und dazupressen. Den Rucola waschen, trocken schütteln, verlesen und grob hacken, unterheben. Die Pfanne mit Salz und Pfeffer würzen. Sofort servieren.

**SCHÖN DAZU** Wer mag, streut vor dem Servieren noch 2 EL gehobelten Hartkäse auf die Pfanne.

AUS DER PFANNE

# kartoffel-apfel-gratin

1 EL Rapsöl
1 EL Butter
450 g TK-Bratkartoffelscheiben
1 Schalotte
1 rotschaliger Apfel
5–6 Zweige Thymian
Salz | Pfeffer
125 g Sahne
2 EL Crème fraîche
40 g geriebener Emmentaler (Kühlregal)
3–4 Stängel Petersilie

Für 2 Personen
Pro Portion ca. 725 kcal, 13 g EW, 50 g F, 56 g KH

**1** In einer großen beschichteten Pfanne das Öl und die Butter erhitzen. Die Kartoffelscheiben darin unter gelegentlichem Wenden in 8 Min. goldbraun braten.

**2** Inzwischen die Schalotte schälen und fein würfeln. Den Apfel waschen, vierteln, entkernen und ungeschält in Scheiben schneiden. Den Thymian abbrausen, die Blättchen abstreifen.

**3** Schalotte und Apfel zu den Kartoffeln geben und 2 Min. mitbraten. Mit Salz und Pfeffer würzen, den Thymian darüberstreuen. Sahne und Crème fraîche verrühren und darübergießen. Den Käse obendrauf verteilen. Den Deckel auflegen und alles bei mittlerer Hitze 5 Min. garen, bis der Käse geschmolzen ist.

**4** Inzwischen die Petersilie waschen, trocken schütteln, abzupfen und hacken. Vor dem Servieren auf die Kartoffeln streuen.

## TIPP
Sind Pellkartoffeln übrig? Dann diese – geschält und in Scheiben geschnitten – statt der gefrorenen Bratkartoffelscheiben verwenden.

GANZ EINFACH

# kartoffel-tortilla mit erbsen

3 EL Olivenöl
350 g TK-Bratkartoffelscheiben
4 Eier
4 EL Milch
Salz | Pfeffer
½ TL rosenscharfes Paprikapulver
1 Zwiebel
1 Knoblauchzehe
100 g TK-Erbsen
1 TL gehackter Rosmarin

Für 2 Personen
Pro Portion ca. 580 kcal, 22 g EW, 34 g F, 46 g KH

**1** In einer beschichteten Pfanne (26 cm Ø) 2 EL Öl erhitzen. Die gefrorenen Kartoffeln hineingeben und bei mittlerer Hitze unter gelegentlichem Wenden in 8 Min. goldbraun anbraten.

**2** Die Eier mit Milch, Salz, Pfeffer und Paprikapulver verquirlen. Die Zwiebel und den Knoblauch schälen und fein würfeln. Das übrige Öl zu den Kartoffeln geben und erhitzen. Zwiebeln, Knoblauch, Erbsen und Rosmarin 2 Min. mitbraten.

**3** Die Eiermasse in die Pfanne gießen, zudecken und bei mittlerer Hitze in 10 Min. stocken lassen.

**SCHÖN DAZU** Tomatensalat mit Frühlingszwiebeln und Vinaigrette

oben: kartoffel-apfel-gratin | unten: kartoffel-tortilla mit erbsen

# rosenkohl-gnocchi mit gorgonzola

350 g TK-Rosenkohl | Salz
1 ½ EL Butterschmalz
400 g Gnocchi (Kühlregal) | 1 Schalotte
100 g Sahne | 50 g Gorgonzola
Pfeffer | frisch geriebene Muskatnuss
2 EL TK-Petersilie

Für 2 Personen
Pro Portion ca. 710 kcal, 22 g EW, 32 g F, 81 g KH

1  Den Rosenkohl in kochendes Salzwasser geben und 3 Min. garen, dann abgießen, dabei 100 ml Sud auffangen. Den Rosenkohl gut abtropfen lassen.

2  Inzwischen 1 EL Butterschmalz in einer großen beschichteten Pfanne erhitzen, die Gnocchi darin bei mittlerer Hitze in 5 Min. goldbraun braten. Die Schalotte schälen und fein hacken.

3  Die Gnocchi herausnehmen. Das übrige Butterschmalz erhitzen, Schalotte und Rosenkohl darin 2 Min. braten. Sud und Sahne dazugießen. Den Gorgonzola zerbröckeln und unterrühren. Aufkochen und bei milder Hitze 5 Min. einkochen lassen.

4  Die Gnocchi mit Salz, Pfeffer und Muskat würzen; mit Petersilie unter den Rosenkohl mischen, kurz erhitzen.

# salbei-gnocchi

Salz
400 g Gnocchi (Kühlregal; s. Tipp)
1 Fleischtomate (ca. 300 g)
8 Salbeiblätter
2 EL Olivenöl
Pfeffer
40 g geriebener Hartkäse
4–6 Basilikumblätter zum Garnieren

Für 2 Personen
Pro Portion ca. 515 kcal, 17 g EW, 16 g F, 76 g KH

1  In einem Topf 1 l Salzwasser zum Kochen bringen. Die Gnocchi darin nach Packungsangabe garen, dann abgießen und abtropfen lassen.

2  Inzwischen die Tomate waschen, vom Stielansatz befreien, vierteln, entkernen und in kleine Würfel schneiden. Die Salbeiblätter abreiben.

3  Das Öl in einer großen beschichteten Pfanne erhitzen. Die Salbeiblätter darin 1 Min. braten, dann herausnehmen. Die Gnocchi in die Pfanne geben und in 5 Min. rundherum goldbraun braten. Tomatenwürfel und Salbei unterheben, 2 Min. mitbraten, salzen und pfeffern. Die Gnocchi anrichten. Mit Hartkäse und Basilikumblättern bestreut servieren.

TIPP  Bei Gnocchi gibt es unterschiedliche Produkte: Manche muss man vor dem Braten noch in Wasser garen, manche kann man gleich braten. Hier hilft ein Blick auf die Packungsangabe.

AUCH SCHÖN  Die Gnocchi zur Abwechslung durch Schupfnudeln, ebenfalls aus dem Kühlregal, ersetzen.

ORIGINELL | PIKANT

# kartoffelwaffeln mit meerrettich-quark

100 g Instant-Pulver für Kartoffelpufferteig
2 EL kernige Haferflocken
1 EL Speisestärke
1 Zweig Rosmarin
1 kleine Zwiebel
1 großes Ei (L)
Salz | Pfeffer
150 g Meerrettich-Frischkäse
2 EL Milch
1 Frühlingszwiebel
Fett für das Waffeleisen

Für 2 Personen
Pro Portion ca. 335 kcal, 16 g EW, 20 g F, 23 g KH

**1**  Das Kartoffelpuffer-Pulver, die Haferflocken und die Speisestärke mit einem Schneebesen in 250–300 ml kaltes Wasser einrühren und 5 Min. quellen lassen.

**2**  Inzwischen vom Rosmarin die Blätter abzupfen und fein hacken. Die Zwiebel schälen und sehr fein würfeln. Mit dem Ei, Salz, Pfeffer und Rosmarin unter die Kartoffelmasse rühren.

**3**  Ein beschichtetes Waffeleisen fetten und auf mittlerer Stufe erhitzen. 2–3 EL Teig auf die untere Backplatte geben, glatt streichen, das Eisen schließen und den Teig in 3–4 Min. knusprig braun backen. Nacheinander auf diese Weise 4 Waffeln backen. Fertige Waffeln im Backofen bei 80° (Umluft 60°) warm halten.

**4**  Gleichzeitig den Meerrettich-Frischkäse mit der Milch verrühren. Die Frühlingszwiebel waschen, putzen, weiße und hellgrüne Teile in feine Ringe schneiden und unter den Quark rühren. Mit Salz und Pfeffer abschmecken. Zu den Kartoffelwaffeln servieren.

UNKOMPLIZIERT

# kartoffelpüfferchen mit rahmspinat

**Für die Püfferchen**
300 g Kartoffelpufferteig (Kühlregal)
1 EL Mehl
1 Eigelb
1 EL Sahne
Salz | Pfeffer
frisch geriebene Muskatnuss
1 ½ EL Olivenöl
**Für den Rahmspinat**
5 EL Gemüsebrühe
100 g Crème fraîche
400 g TK-Blattspinat
1 Knoblauchzehe
Salz | Pfeffer
frisch geriebene Muskatnuss

Für 2 Personen
Pro Portion ca. 455 kcal, 10 g EW, 33 g F, 30 g KH

**1**  Für die Puffer den Kartoffelteig in einer Schüssel mit Mehl, Eigelb, Sahne, Salz, Pfeffer und Muskat gut mischen. In einer großen beschichteten Pfanne ½ EL Öl verstreichen und erhitzen. Mit einem nassen Esslöffel portionsweise Kartoffelteig in die Pfanne setzen, leicht andrücken und von beiden Seiten in 5 Min. goldbraun braten. Die fertigen Puffer im Backofen bei 100° (Umluft 80°) warm halten. Den restlichen Teig mit dem übrigen Öl genauso braten.

**2**  Gleichzeitig für den Spinat die Brühe und die Crème fraîche in einem Schmortopf verrühren und aufkochen. Den Blattspinat dazugeben. Den Knoblauch schälen und dazupressen. Den Spinat zugedeckt bei mittlerer Hitze 8–10 Min. dünsten, dabei ab und zu umrühren. Mit Salz, Pfeffer und Muskat würzen.

**3**  Die Kartoffelpüfferchen mit dem Rahmspinat auf vorgewärmten Tellern anrichten.

EXOTISCH

# süßkartoffel-ragout

500 g Süßkartoffeln
1 Zwiebel
1 EL Olivenöl
2 TL Currypulver
1 EL Tomatenmark
100 ml Gemüsebrühe
200 ml Kokosmilch (Dose)
30 g gesalzene Erdnusskerne
Salz
Cayennepfeffer

Für 2 Personen
Pro Portion ca. 530 kcal, 9 g EW, 31 g F, 53 g KH

1   Die Süßkartoffeln schälen und in kleine Würfel schneiden. Die Zwiebel schälen und fein würfeln.

2   Das Öl in einem Topf erhitzen. Die Süßkartoffeln und Zwiebel darin bei mittlerer Hitze 3 Min. anbraten. Curry und Tomatenmark einrühren und unter Rühren kurz anschwitzen. Brühe und Kokosmilch dazugießen, langsam zum Kochen bringen. Die Erdnüsse hinzufügen.

3   Die Süßkartoffeln zugedeckt bei milder Hitze 10 Min. kochen lassen. Mit Salz und Cayennepfeffer würzen.

**SCHÖN DAZU**  Basmatireis

GANZ EINFACH | RAFFINIERT

# béchamelkartoffeln mit pfifferlingen

400 g vorwiegend festkochende Kartoffeln
3 Schalotten
1 EL Butter
1 EL Mehl
200 ml Gemüsefond (Glas) oder -brühe
125 g Sahne
Salz | Pfeffer
frisch geriebene Muskatnuss
150 g Pfifferlinge (oder 125g aufgetaute TK-Pfifferlinge)
1 EL Olivenöl
½ Bund Schnittlauch

Für 2 Personen
Pro Portion ca. 425 kcal, 8 g EW, 30 g F, 31 g KH

1   Die Kartoffeln schälen, waschen und in 1 cm große Würfel schneiden. Die Schalotten schälen und längs in Viertel schneiden.

2   Die Butter in einem breiten Topf zerlassen. Die Kartoffeln und Schalotten darin bei milder Hitze rundherum 5 Min. andünsten. Das Mehl darüberstäuben und anschwitzen. Fond oder Brühe und Sahne unterrühren und aufkochen lassen. Mit Salz, Pfeffer und Muskat würzen. Die Kartoffeln bei mittlerer Hitze zugedeckt 8–9 Min. kochen lassen, dabei ab und zu umrühren.

3   Inzwischen die Pfifferlinge putzen, abreiben und grob zerteilen. Das Öl in einer Pfanne erhitzen, die Pfifferlinge darin bei starker Hitze rundherum 2 Min. kräftig braten. Mit Salz und Pfeffer würzen.

4   Den Schnittlauch waschen, trocken schütteln und in feine Röllchen schneiden. Die Pfifferlinge und den Schnittlauch (bis auf 1 EL ) locker unter die Kartoffeln heben. Den übrigen Schnittlauch darüberstreuen.

**SCHÖN DAZU**  Die Béchamelkartoffeln vor dem Servieren noch mit 1 EL gerösteten Pinienkernen bestreuen.

# backkartoffeln mit pesto

2 gegarte Backkartoffeln (à 200 g; Kühlregal)
Salz | Pfeffer
4 TL Bärlauch-Pesto (Fertigprodukt)
2 Tomaten
125 g Mozzarella
2 Stängel Basilikum
Olivenöl für die Form

Für 2 Personen
Pro Portion ca. 410 kcal, 18 g EW, 23 g F, 32 g KH

**1** Den Backofen auf 200° (Umluft 180°) vorheizen. Die Kartoffeln der Länge nach halbieren. Eine ofenfeste Form mit etwas Olivenöl einpinseln. Die Kartoffeln mit den Schnittflächen nach oben nebeneinander in die Form legen. Mit Salz und Pfeffer bestreuen.

**2** Das Pesto auf den Kartoffelhälften verteilen. Die Tomaten waschen, quer in Scheiben schneiden. Den Mozzarella abtropfen lassen und in dünne Scheiben schneiden. Tomaten und Mozzarella abwechselnd überlappend auf die Kartoffeln legen. Die Backkartoffeln im Ofen (Mitte) 10–12 Min. backen, bis der Käse geschmolzen ist. Die Basilikumblätter abzupfen, abreiben und in feine Streifen schneiden. Vor dem Servieren auf die Backkartoffeln streuen.

**SCHÖN DAZU** gemischter Salat mit Vinaigrette

# überbackene rösti

1 EL Butterschmalz
4 runde TK-Kartoffelreibekuchen (ca. 240 g)
2 Frühlingszwiebeln
80 g kleine Champignons
1 EL Rapsöl
50 g Möhrenstreifen (küchenfertig; Kühlregal)
Salz | Pfeffer
70 g geraspelter Emmentaler (Kühlregal)
1 EL gehackte Petersilie

Für 2 Personen
Pro Portion ca. 375 kcal, 34 g EW, 24 g F, 5 g KH

**1** Den Backofen auf 200° (Umluft 180°) vorheizen. Das Backblech mit Backpapier auslegen. In einer großen beschichteten Pfanne das Schmalz erhitzen. Die Kartoffelpuffer darin unaufgetaut von beiden Seiten bei starker bis mittlerer Hitze 5 Min. braten.

**2** Inzwischen die Frühlingszwiebeln waschen, putzen, in feine Ringe schneiden. Die Pilze putzen, abreiben, halbieren oder vierteln. Das Öl in einer zweiten Pfanne erhitzen, die Pilze und Möhrenstreifen darin kurz und kräftig anbraten. Mit Salz und Pfeffer würzen. Die Frühlingszwiebeln hinzufügen und kurz mitbraten.

**3** Die Reibekuchen auf das Backblech legen. Die Pilzmischung darauf verteilen und mit dem Käse bestreuen. Im Ofen (Mitte) 10 Min. überbacken. Vor dem Servieren die Petersilie auf die Rösti streuen.

# SÜSSES
# ZUM SATTESSEN

# SÜSSE IDEEN

*Wenig Zeit, aber viel Appetit? Kein Problem! Mit den modernen Convenience-Produkten werden süße Träume (fast) im Handumdrehen wahr. Starke Partner in der schnellen Küche: Quark, Schokolade, Nüsse und Früchte. Sie geben den Süßspeisen den besonderen Reiz.*

## SÜSSE MAHLZEITEN

... aus der Tüte wie Grießbrei, Milchreis, Kaiserschmarrn, Milchnudeln, Eierkuchen oder Püfferchen sind ideal, wenn es turboschnell gehen muss. Mischung nach Packungsangabe zubereiten und mit Gewürzen, Zucker und frischen Produkten wie Obst verfeinern.

## FRUCHTIGER SAUCENZAUBER

Weiche Früchte (z. B. Beeren) mit Gelierzucker für kaltgerührte Fruchtaufstriche 45 Sekunden lang mit einem Pürierstab oder im Mixer durchmixen.

## PFANNKUCHEN AUF VORRAT

Am besten gleich mehr Pfannkuchen als benötigt backen und für die Blitzküche auf Eis legen. Egal, ob man sie dann süß oder herzhaft füllt, der neutrale Teig macht beides möglich. Für 8 Pfannkuchen 150 g Mehl und 350 ml Milch mit 1 Prise Salz und 3 Eiern (Größe M) glatt rühren. Kurz quellen lassen. Eine beschichtete Pfanne (26 cm Ø) erhitzen und mit Öl ausstreichen. Nacheinander 8 dünne Pfannkuchen backen. Vollständig auskühlen lassen, mit Backpapier zwischen den Pfannkuchen aufeinanderlegen und portionsweise einfrieren.

# blitzrezepte für desserts

## BROMBEER-BAISER-SAHNE

Für 2 Personen 100 g TK-Brombeeren antauen lassen. 30 g weiße und rosa Baisertropfen (Fertigprodukt) in grobe Stücke brechen. 200 g Sahne mit ¼ TL abgeriebener Bio-Zitronenschale steif schlagen. Die Baiserstücke und Brombeeren unterheben, in zwei Gläser verteilen. Mit Zitronenmelisse garnieren.

## VANILLEQUARK MIT TRAUBEN

Für 2 Personen 250 g Sahnequark mit 2 EL Puderzucker, 1 Pck. Bourbon-Vanillezucker und 5 EL Milch verrühren. 150 g grüne kernlose Weintrauben putzen, waschen und halbieren, mit 1 EL Zitronensaft beträufeln. Zwei Drittel der Trauben mit dem Quark in zwei Gläser schichten, die übrigen Trauben darauflegen.

## MANDEL-ERDBEER-TRIFLE

Für 2 Personen 50 g Amarettini grob zerstoßen, in zwei weite Gläser geben und mit je 2 EL Orangensaft tränken. 250 g Erdbeeren waschen, putzen und vierteln. Mit 2 EL Erdbeerfruchtaufstrich und 2 TL Zitronensaft mischen und auf die Kekse geben. 150 g Ricotta mit 100 g Vanillejoghurt und 1 Msp. Zimt verrühren, über den Erdbeeren verteilen. Mit 6 zerbröckelten Amarettini garnieren.

SCHLEMMERVARIANTE

# knspermüsli mit himbeeren

2 EL brauner Zucker | 6 EL 5-Korn-Flocken
150 g Magerquark | 1 EL Limettensaft
1 EL flüssiger Akazienhonig
100 g Sahne | 125 g Himbeeren | 1 kleine Banane
1 EL grob gehackte Pistazien

Für 2 Personen
Pro Portion ca. 495 kcal, 18 g EW, 20 g F, 57 g KH

1 Den Zucker in einer beschichteten Pfanne bei mittlerer Hitze schmelzen lassen. Die Flocken dazugeben und unter Wenden bei mittlerer Hitze in 4 Min. karamellisieren. Auf einen Teller schütten und abkühlen lassen.

2 Inzwischen den Quark mit dem Limettensaft und Honig verrühren. Die Sahne steif schlagen und unterheben. Die Himbeeren verlesen. Die Banane schälen und in Scheiben schneiden.

3 Von den Knusperflocken 1 EL abnehmen, einige Himbeeren und Bananenscheiben beiseitelegen. Die übrigen Flocken und Früchte unter den Quark heben. Das Müsli auf zwei Schalen verteilen. Die übrigen Himbeeren und Knusperflocken obendrauf geben und mit den Pistazien bestreuen. Gleich servieren.

GRUSS AUS AMERIKA

# birnen-cranberry-müsli

6 EL Vollkornhaferflocken
6 EL Milch
2 EL Ahornsirup
2 nicht zu reife Birnen
2 EL Zitronensaft
2 EL gehackte Walnusskerne
2 EL getrocknete Cranberrys
2 EL Joghurt

Für 2 Personen
Pro Portion ca. 320 kcal, 7 g EW, 10 g F, 46 g KH

1 Die Haferflocken in eine Schüssel geben und mit der Milch verrühren. 5 Min. quellen lassen, dann den Ahornsirup unterrühren.

2 Die Birnen waschen und ungeschält raspeln. Sofort mit Zitronensaft beträufeln. Mit Walnüssen und Cranberrys unter die eingeweichten Haferflocken mischen. Auf zwei Schälchen verteilen und je 1 EL Joghurt daraufgeben. Sofort servieren.

AUCH SCHÖN Für ein klassisches Müsli nach dem Schweizer Arzt Max Bircher-Benner (1867–1939) die Birnen durch Äpfel ersetzen. Statt Walnüssen gehackte Haselnüsse und statt Cranberrys Rosinen nehmen. Nach Belieben noch 6 EL Sahne unterrühren.

MIT KNUSPER-TOPPING

# aprikosen-kaltschale

1 Dose Aprikosen (im eigenen Saft;
   240 g Abtropfgewicht)
1 EL Limettensaft
250 ml Kefir
200 g Sahnejoghurt
2 EL Aprikosenfruchtaufstrich
100 g Brombeeren
30 g Amarettini
1–2 Zweige Zitronenmelisse

Für 2 Personen
Pro Portion ca. 440 kcal, 9 g EW, 16 g F, 64 g KH

1   Die Aprikosen in ein Sieb gießen und abtropfen las-sen. Zwei Drittel der Aprikosen mit dem Limettensaft pürieren, die übrigen Aprikosen in Spalten schneiden. Das Aprikosenpüree mit dem Kefir, dem Joghurt und dem Aprikosenfruchtaufstrich glatt pürieren.

2   Die Brombeeren abbrausen und abtropfen lassen. Die Aprikosenkaltschale in zwei tiefe Teller verteilen, Aprikosenspalten und Brombeeren hineingeben. Die Amarettini darauf anrichten. Die Zitronenmelisse abbrausen, trocken schütteln, die Blätter abzupfen und über die Kaltschale streuen.

AUCH SCHÖN   Die Kaltschale lässt sich prima mit Pfirsichen (Dose) und Himbeeren variieren.

AUS DEM VORRAT

# heidelbeer-quarkspeise

5 Pumpernickeltaler (ca. 50 g)
1 EL Butter
2 EL Zucker
3 EL gehackte Haselnusskerne
250 g Speisequark (20 % Fett)
1 EL frisch gepresster Orangensaft
½ TL abgeriebene Schale von 1 Bio-Orange
1 Pck. Bourbon-Vanillezucker
250 g Heidelbeeren (frisch oder tiefgekühlt)

Für 2 Personen
Pro Portion ca. 445 kcal, 20 g EW, 21 g F, 42 g KH

1   Die Pumpernickeltaler fein hacken. Die Butter in einer Pfanne zerlassen, 1 EL Zucker, die Nüsse und die Pumpernickelbrösel darin bei mittlerer Hitze unter Rühren 3–4 Min. anrösten.

2   Den Quark mit Orangensaft, Orangenschale, Vanille-zucker und restlichem Zucker glatt rühren. Die Heidel-beeren abbrausen und verlesen, einige Beeren zum Garnieren beiseitelegen.

3   Den Quark, die Heidelbeeren und zwei Drittel der Pumpernickel-Mischung in zwei hohe Gläser schich-ten. Mit einigen Pumpernickelbröseln abschließen. Die Speise mit den übrigen Heidelbeeren garnieren.

AUCH SCHÖN   Statt der Heidelbeeren fertige Kirsch-grütze aus dem Kühlregal nehmen.

EXOTISCH MIT KOKOS

# mango-milchreis

300 ml Milch
200 ml Kokosmilch
130 g 10-Minuten-Milchreis
1 kleine reife Mango
3 EL brauner Zucker
2 TL Limettensaft
1 EL Kokosraspel

Für 2 Personen
Pro Portion ca. 675 kcal, 12 g EW, 26 g F, 96 g KH

1   Die Milch mit der Kokosmilch in einem Topf aufkochen. Den Reis einrühren und in 5 Min. bei mittlerer
Hitze kochen, dabei häufig umrühren. Dann den Reis
ohne Hitzezufuhr im Topf 10 Min. ausquellen lassen.

2   Inzwischen die Mango schälen und das Fruchtfleisch vom Stein schneiden. Zwei Drittel Mangofleisch
in kleine Würfel schneiden, den Rest in Spalten teilen.

3   Die Mangowürfel, 2 EL Zucker und den Limettensaft
unter den Reis mischen. Den übrigen Zucker mit den
Kokosraspeln mischen und auf den Reis streuen. Den
Milchreis mit den Mangospalten auf tiefen Tellern oder
in Schalen dekorativ anrichten.

AUCH SCHÖN   2 reife Pfirsiche oder Nektarinen harmo-
nieren ebenso gut mit dem Kokosreis wie die Mango.

SÜSS | SÄTTIGEND

# orangen-couscous mit kirschen

100 ml Kirschsaft
4 EL Zucker
1 EL Zitronensaft
½ EL Speisestärke
300 g entsteinte TK-Schattenmorellen
1 EL Butter
1 EL gehackte Mandeln
1 EL gehackte Pistazien
2 EL Sultaninen
¼ TL Zimtpulver
150 ml Orangensaft
150 g Couscous
einige Minzeblättchen

Für 2 Personen
Pro Portion ca. 615 kcal, 12 g EW, 10 g F, 116 g KH

1   In einem Topf 75 ml Kirschsaft mit 2 EL Zucker und
Zitronensaft aufkochen. Den restlichen Saft mit der
Speisestärke glatt rühren und in den Kirschsaft rühren.
Die gefrorenen Kirschen dazugeben und einmal aufko-
chen lassen. Dann das Kirschkompott zum Abkühlen
in einen Teller umfüllen.

2   Die Butter in einem Topf zerlassen. Die Mandeln,
Pistazien und Sultaninen darin bei mittlerer Hitze
unter Rühren 2–3 Min. braten. Mit Zimt bestäuben.
Den Orangensaft dazugießen, den übrigen Zucker hinzufügen und alles aufkochen lassen. Den Couscous
in die kochende Mischung streuen und ohne Hitzezufuhr zugedeckt 4 Min. quellen lassen.

3   Den Couscous mit einer Gabel auflockern und mit
dem abgekühlten Kirschkompott anrichten. Mit einigen Minzeblättchen garnieren.

AUCH SCHÖN   Die Sauerkirschen durch tiefgefrorene
Cranberrys ersetzen.

PREISWERT | EINFACH

# arme ritter mit rhabarberkompott

250 g Rhabarber
3 EL brauner Zucker | ½ Zimtstange
125 ml Milch | 1 Ei | Salz
1 EL Bourbon-Vanillezucker
4 Scheiben Weizentoastbrot
2 EL Semmelbrösel
2 EL gemahlene Haselnüsse
1 EL Butterschmalz

Für 2 Personen
Pro Portion ca. 450 kcal, 11 g EW, 18 g F, 52 g KH

**1** Den Rhabarber waschen, putzen und in Stücke schneiden. Mit Zucker, Zimt und 3 EL Wasser in einen Topf geben. Aufkochen und zugedeckt bei mittlerer Hitze 3–5 Min. dünsten. Abkühlen lassen.

**2** Die Milch mit Ei, 1 Prise Salz und Vanillezucker verquirlen. Die Toastbrote diagonal halbieren und in die Milch tauchen. Semmelbrösel und Nüsse in einem Teller mischen. Brote abtropfen lassen und darin wenden.

**3** Das Butterschmalz in einer großen beschichteten Pfanne erhitzen. Die Brote darin von beiden Seiten in 2–3 Min. goldbraun braten. Mit dem Rhabarberkompott anrichten.

ORGINELL

# beeren-crostini

½ Baguette (ca. 100 g)
1 EL Butter
125 g Speisequark (20 % Fett)
1 EL Bourbon-Vanillezucker
1 TL Limettensaft
200 g gemischte Beeren (z. B. Himbeeren, Johannisbeeren, Heidelbeeren; frisch oder aufgetaute TK-Beeren)
1 EL Ahornsirup
2 EL weiße Schokoladenspäne (Fertigprodukt)

Für 2 Personen
Pro Portion ca. 350 kcal, 13 g EW, 9 g F, 54 g KH

**1** Den Backofen auf 200° (Umluft 180°) vorheizen. Das Baguette schräg in 1 ½ cm dicke Scheiben schneiden. Die Butter in Flöckchen darauf verteilen. Die Brote auf den Backofenrost legen und im Ofen (oben) in ca. 5 Min. goldbraun rösten.

**2** Inzwischen den Quark mit Vanillezucker und Limettensaft verrühren. Die Beeren nur wenig nötig abbrausen, vorsichtig trocken tupfen und verlesen. Mit dem Ahornsirup beträufeln.

**3** Crostini großzügig mit Quark bestreichen. Beeren darauf verteilen und Schokospäne darüberstreuen.

**AUCH SCHÖN** Statt Baguette 4 Scheiben Toastbrot nehmen, im Toaster goldbraun rösten und dünn mit der Butter bestreichen. Quark, Beeren und Schokospäne wie beschrieben darauf verteilen.

EINFACH GESUND

# quarkküchlein mit apfelmus

1 Ei
250 g Magerquark
60 g Hartweizengrieß
2 EL Zucker
1 TL abgeriebene Schale von 1 Bio-Zitrone
1 Prise Zimtpulver
1 EL Butterschmalz
1 Glas Bio-Apfelmus (380 g)
2 EL geraspelte Zartbitterschokolade

Für 2 Personen
Pro Portion ca. 535 kcal, 25 g EW, 13 g F, 80 g KH

1 Das Ei trennen. Das Eigelb mit Quark, Grieß und Zucker verrühren. Mit Zitronenschale und Zimt würzen. Das Eiweiß steif schlagen und unterheben.

2 Das Butterschmalz in einer großen beschichteten Pfanne erhitzen. Den Teig esslöffelweise in das heiße Schmalz geben und bei mittlerer Hitze in jeweils 3–4 Min. zu goldbraunen Küchlein backen, dabei zwischendurch wenden.

3 Die Küchlein mit dem Apfelmus auf vorgewärmten Tellern anrichten. Mit der geraspelten Schokolade bestreuen. Die Küchlein sofort servieren.

SCHMECKT AUCH KALT

# gefüllte pfannkuchen mit nektarinen

2 reife Nektarinen (ca. 300 g)
1 EL Zitronensaft
125 g Doppelrahm-Frischkäse
2 EL Speisequark (20 % Fett)
80 ml Apfelsaft
1 EL Puderzucker
2 TL Butter
4 fertige Pfannkuchen (16 cm Ø; Kühlregal; ca. 240 g)
2 EL Ahornsirup
1 EL gehackte Mandeln

Für 2 Personen
Pro Portion ca. 670 kcal, 20 g EW, 33 g F, 73 g KH

1 Für die Füllung die Nektarinen waschen, vierteln und die Steine entfernen. Zwei Nektarinenviertel in dünne Spalten schneiden und mit dem Zitronensaft beträufeln. Die übrigen Nektarinen klein würfeln.

2 Den Frischkäse mit dem Quark, 2 EL Apfelsaft und dem Puderzucker cremig rühren. Die Nektarinenwürfel unter den Frischkäse mischen.

3 Die Butter in einer beschichteten Pfanne zerlassen. Die Pfannkuchen darin nach Packungsangabe bei mittlerer Hitze je Seite 1 Min. erhitzen. Die Pfannkuchen mit der Frischkäsecreme bestreichen und einrollen.

4 Den Ahornsirup mit dem übrigen Apfelsaft in der Pfanne aufkochen, die Nektarinenspalten kurz darin schwenken. Mit den Pfannkuchen anrichten. Mit den gehackten Mandeln bestreuen.

TIPP
Statt für zwei als süßes Hauptgericht die Pfannkuchen als Dessert für vier Personen servieren.

KINDER-HIT

# vanillenudeln mit erdbeeren

1 Vanilleschote
200 ml Milch
1 Prise Salz
200 g frische Tagliatelle (Kühlregal)
400 g Erdbeeren
1 Pck. Bourbon-Vanillezucker
1 EL Zitronensaft
1 EL Puderzucker
1 EL weiße Schokoladenraspel
etwas Zitronenmelisse

Für 2 Personen
Pro Portion ca. 325 kcal, 10 g EW, 8 g F, 57 g KH

**1** Die Vanilleschote längs aufschlitzen und das Mark mit einem spitzen Messer herauskratzen. Die Milch und 200 ml Wasser mit der ausgekratzten Schote, dem Mark und dem Salz aufkochen. Die Nudeln darin nach Packungsangabe 2–3 Min. kochen.

**2** Inzwischen die Erdbeeren waschen, entkelchen und halbieren oder vierteln. Zwei Drittel der Erdbeeren mit dem Vanillezucker bestreuen. Die übrigen Erdbeeren mit dem Zitronensaft und Puderzucker fein pürieren.

**3** Die Nudeln abgießen, abtropfen lassen und mit den gezuckerten Erdbeeren mischen. Mit der Erdbeersauce anrichten. Die Nudeln mit den Schokoraspeln bestreuen und mit Zitronenmelisseblättern garnieren.

**AUCH SCHÖN** Die Nudeln statt mit Erdbeeren mit Aprikosen servieren.

FRUCHTIG-FRISCH

# schupfnudeln mit orangensauce

1 Bio-Orange
3 gehäufte EL Zucker
200 ml Orangensaft
2 TL Speisestärke
1 EL Butter
500 g Schupfnudeln (Kühlregal)
1 Pck. gehackte Pistazien (25 g)
½ TL Zimtpulver
2 Zweige Zitronenmelisse (nach Belieben)

Für 2 Personen
Pro Portion ca. 665 kcal, 11 g EW, 13 g F, 120 g KH

**1** Die Orange heiß waschen, abtrocknen und die Schale mit einem Zestenschneider in feinen Streifen abziehen, beiseitestellen. Dann die Orange samt der weißen Haut schälen, die Filets zwischen den Trennwänden herausschneiden. Den abtropfenden Saft über einer Schüssel auffangen.

**2** Für die Sauce den Zucker in die Mitte eines Topfs häufen und erhitzen, bis der Zucker anfängt zu bräunen. Den Orangensaft (auch den abgetropften verwenden) dazugießen und 1 Min. rühren, bis sich der Karamell aufgelöst hat. Die Orangenschalen dazugeben. Die Speisestärke mit 2 EL Wasser glatt rühren, unter die Sauce rühren und bei mittlerer Hitze 5 Min. kochen, bis sie angedickt ist. Die Orangenfilets untermischen.

**3** Gleichzeitig die Butter in einer großen beschichteten Pfanne erhitzen, die Schupfnudeln darin unter Wenden in 5 Min. goldbraun braten. Mit Pistazien und Zimt mischen. Mit der Orangensauce anrichten. Nach Belieben Melisseblättchen auf die Pasta streuen.

**AUCH SCHÖN** Statt Schupfnudeln fertige Pfannkuchen (aus dem Kühlregal oder dem eigenen Vorrat) in Streifen schneiden und in heißer Butter kurz braten. Oder die ganzen Pfannkuchen nach Packungsangabe erwärmen, zusammenklappen und mit der Sauce servieren.

# exotenpizza

400 g aufgerollter Blätterteig (Kühlregal)
150 g Crème fraîche
1 Ei
1 TL Speisestärke
50 g Zucker
500 g TK-Tropenfrüchte-Mischung
3 EL Kokosraspel
1 EL gehackte Pistazien

Für 4 Stück
Pro Portion ca. 765 kcal, 10 g EW, 50 g F, 68 g KH

1  Den Backofen auf 220° (Umluft 200°) vorheizen.
Den Blätterteig entrollen und samt dem Backpapier
auf ein Backblech legen.

2  Die Crème fraîche mit Ei, Speisestärke und Zucker
verrühren und auf die Teigplatte streichen. Den Teig
mit den Früchten belegen und mit den Kokosraspeln
bestreuen. Im Ofen (Mitte) 15 Min. backen. Noch heiß
mit den Pistazien bestreuen. Zwei Stück gleich servieren, den Rest abkühlen lassen und einfrieren.

**AUCH SCHÖN**  Die Pizza schmeckt auch mit TK-Wald-
beeren und gehackten Mandeln.

# blitz-crumble
# mit pfirsichen

100 g Cantuccini (toskanische Haselnuss-
   oder Mandelkekse)
2–3 reife Pfirsiche (ca. 500 g)
1 EL Bourbon-Vanillezucker
6 EL Orangensaft
100 g Vanillecremeeis
Butter für die Form

Für 2 Personen
Pro Portion ca. 525 kcal, 8 g EW, 20 g F, 63 g KH

1  Den Backofen auf 200° (Umluft 180°) vorheizen. Die
Kekse in einen Gefrierbeutel geben und mit einer Teig-
rolle in kleine Stücke brechen. Die Pfirsiche waschen,
halbieren, entsteinen und in Spalten schneiden.

2  Eine ofenfeste Form (ca. 30 x 20 cm) fetten. Die Pfir-
sichspalten darin verteilen und mit dem Vanillezucker
bestreuen. Die Keksbrösel darüber verteilen und mit
dem Orangensaft beträufeln. Den Crumble im Ofen
(Mitte) in 10–12 Min. goldbraun überbacken.

3  Inzwischen das Vanilleeis antauen lassen und cremig verrühren. Zu dem Crumble servieren.

**AUCH SCHÖN**  Der Crumble schmeckt auch super mit
frischen Aprikosen oder Zwetschgen oder mit TK-Brombeeren statt mit Pfirsichen.

# register

**Zum Gebrauch**
Damit Sie auch Rezepte mit bestimmten
Zutaten finden können, stehen hier zusätzlich
Zutaten wie **Bohnen** oder **Kartoffeln** –
alphabetisch geordnet und **hervorgehoben** –
über den entsprechenden Rezepten.

> **Hinweis zum Thema Käse**
> Liebe Leserinnen und Leser,
> wir möchten Sie darauf aufmerksam machen, dass es Käsesorten gibt, die mit Lab hergestellt
> werden. Zuverlässige Informationen erhalten Sie direkt bei dem jeweiligen Käsehersteller.

## A

**Ahornsirup**
Beeren-Crostini 132
Birnen-Cranberry-Müsli 126
Gefüllte Pfannkuchen mit Nektarinen 134
Möhren-Rohkost mit Chilijoghurt 54
**Ajvar**
Bunte Kichererbsenpfanne 40
Tofu-Wrap mit Ajvar 74
Tortelloni in Paprikasahne 98
Amarettini: Aprikosen-Kaltschale 128
**Ananas**
Asiatischer Glasnudelsalat 64
Überbackener Ananas-Toast 78
Apfelmus: Quarkküchlein mit Apfelmus 134
Aprikosen-Kaltschale 128
Aprikosen-Salat mit Honig-Dressing 52
Arme Ritter mit Rhabarberkompott 132
Artischocken: Weiße-Bohnen-Salat mit Artischocken 60
Asia-Marinade (Blitzrezept) 51
Asia-Nudelpfanne 46
Asia-Nudelsuppe mit Tofu 20
Asiatischer Glasnudelsalat 64
**Auberginen**
Auberginen-Tramezzini 72
Bunte Kichererbsenpfanne 40
Austernpilze mit Kernen 36
**Avocado**
Kornspitz mit Avocado 70
Rote-Bete-Salat mit Avocado 56
Tomaten-Chili-Suppe 14

## B

Baby-Karotten:. Gemüse-Gröstl 108
Backkartoffeln mit Pesto 120
Bagels: Scamorza-Bagel 72
Bananen: Knuspermüsli mit Himbeeren 126
Bärlauch-Pesto: Backkartoffeln mit
Pesto 120
Basilikum-Joghurt-Dressing (Blitzrezept) 51
Béchamelkartoffeln mit Pfifferlingen 118
Beeren-Crostini 132
Birnen-Cranberry-Müsli 126
Blitz-Crumble mit Pfirsichen 138
Bulgur: Paprika-Bulgur mit Frischkäse-
Sticks 26

**Bohnen, grüne**
Bohnensalat mit Mais 60
Kartoffelcurry mit Kichererbsen 24
**Bohnen, weiße**
Gemüseragout mit weißen Bohnen 26
Minestrone mit Reis 18
**Brokkoli**
Farfalle mit Brokkolisauce 96
Tagliatelle mit Kokos-Erdnuss-
Sauce 102
Thai-Brokkoli mit Sesam-Tofu 38
**Brombeeren**
Aprikosen-Kaltschale 128
Brombeer-Baiser-Sahne (Blitzrezept) 125
Brotchips (Tipp) 56
Brotchips-Salat 56
Bulgur: Paprika-Bulgur mit Frischkäse-
Sticks 26
Bunte Kartoffelpfanne mit Ricotta 110
Bunte Kichererbsenpfanne 40

## C

Cantuccini: Blitz-Crumble mit
Pfirsichen 138
**Cashewkerne**
Gemüsepilaw 28
Mie-Nudeln mit Koriander-Pesto 102
**Champignons**
Schupfnudelpfanne mit Pilzen 110
Überbackene Rösti 120
Chinakohl: Asia-Nudelpfanne 46
**Cornichons**
Eier in grüner Sauce 84
Eier-Käse-Salat 58
Käse-Burger 70
**Couscous**
Gemüsecouscous mit Nüssen 40
Linsen-Couscous-Salat 62
Orangen-Couscous mit Kirschen 130
**Cranberrys**
Birnen-Cranberry-Müsli 126
Gemüsecouscous mit Nüssen 40
Croûtons: Kräuter-Knoblauch-Croûtons
(Blitzrezept) 13
Curry-Sesam-Dip (Blitzrezept) 69

## D

Dijonnaise: Käse-Burger 70
Dinkel wie Reis (Info) 28
Dinkelrisotto mit Romanesco 28
Dips (Blitzrezepte) 69
Dressings für den Vorrat (Blitzrezepte) 51
Drillinge (Info) 106

## E

**Egerlinge**
Penne-Salat mit Tofu 64
Schupfnudelpfanne mit Pilzen 110
Eier in grüner Sauce 84
Eier, Pochierte auf Tomaten-Chilisauce 84
Eierflädle: Sauerkraut-Topf mit Flädle 22
Eier-Käse-Salat 58
Einkauf 7
**Emmentaler**
Gemüseragout mit weißen Bohnen 26
Kornspitz mit Avocado 70
Penne mit Mais-Tomaten-Sugo 92
Pfannengemüse mit Spiegelei 34
Überbackene Rösti 120
**Erbsen**
Asia-Nudelsuppe mit Tofu 20
Kartoffel-Apfel-Gratin 112
Kartoffel-Tortilla mit Erbsen 112
Risi-Bisi-Reispfanne 44
Erdbeeren: Vanillenudeln mit Erd-
beeren 136
Erdnusscreme: Tagliatelle mit Kokos-
Erdnuss-Sauce 102
**Erdnüsse**
Reisnudeln mit Ei 46
Süßkartoffel-Ragout 118
Exotenpizza 138

## F

Farfalle mit Brokkolisauce 96
Feigen: Gebackener Feta mit Feigen 80
**Feta**
Gebackener Feta mit Feigen 80
Gyros-Gemüse mit Joghurtsauce 34
Reisnudeln mit Zucchini und Feta 100
**Frischkäse**
Gefüllte Pfannkuchen mit Nektarinen 134

Kartoffelwaffeln mit Meerrettich-
  Quark 116
Kornspitz mit Avocado 70
Scamorza-Bagel 72
Tofu-Wrap mit Ajvar 74
Frischkäse-Sticks: Paprika-Bulgur mit Frisch-
  käse-Sticks 26
Frittieren (Tipp) 76
**Frühlingszwiebeln**
  Asia-Nudelsuppe mit Tofu 20
  Asiatischer Glasnudelsalat 64
  Austernpilze mit Kernen 36
  Eier-Käse-Salat 58
  Frühlingszwiebel-Püree
    (Blitzrezept) 107
  Gnocchi-Gemüse-Salat 62
  Grüne-Bohnen-Pfanne 36
  Grüner Gazpacho 16
  Kartoffelwaffeln mit Meerrettich-
    Quark 116
  Pitataschen mit Kidneybohnen 74
  Reisnudeln mit Ei 46
  Rote-Bohnen-Eintopf 24
  Schupfnudelpfanne mit Pilzen 110
  Tofu-Gemüse-Wok 38
  Überbackene Rösti 120

**G**

Gazpacho, Grüner 16
Gebackener Feta mit Feigen 80
Gefüllte Pfannkuchen mit Nektarinen 134
Gemüsebrühe (Grundrezept) 12
Gemüsecouscous mit Nüssen 40
Gemüse-Eintopf mit Semmelknödeln 22
Gemüse-Gröstl 108
Gemüse-Linguine mit Kapern 96
Gemüsepilaw 28
Gemüsepüfferchen mit Kräuterdip 42
Gemüseragout mit weißen Bohnen 26
Glasnudelsalat, Asiatischer 64
Gnocchi-Gemüse-Salat 62
**Gorgonzola**
  Nudeln mit Spinat und Gorgonzola-
    sauce 90
  Rosenkohl-Gnocchi mit Gorgonzola 114
**Gouda**
  Eier-Käse-Salat 58
  Spitzkohl-Ravioli 98
Gratinierte Tomaten mit Oregano 76
Grieß: Quarkküchlein mit Apfelmus 134
Grüne-Bohnen-Pfanne 36
Grüner Spargelsalat 58
**Gurken**
  Brotchips-Salat 56
  Grüner Gazpacho 16
  Tofu-Wrap mit Ajvar 74
Gyros-Gemüse mit Joghurtsauce 34

**H**
**Halloumi**
  Aprikosen-Salat mit Honig-Dressing 52
  Halloumi-Pizza 78
  Info 78
**Hartkäse**
  Dinkelrisotto mit Romanesco 28
  Gnocchi-Gemüse-Salat 62
  Gratinierte Tomaten mit Oregano 76
  Grüne-Bohnen-Pfanne 36
  Halloumi-Pizza 78
  Kräuternudeln mit Tomaten-Pesto 94
  Polenta-Pilz-Suppe 14
  Salbei-Gnocchi 114
  Spinat-Omelett aglio e olio 82
**Haselnüsse**
  Arme Ritter mit Rhabarberkompott 132
  Gemüsepüfferchen mit Kräuterdip 42
  Heidelbeerquarkspeise 128
Heidelbeerquarkspeise 128
Himbeeren: Knuspermüsli mit Himbeeren 126

**K**
**Kapern**
  Eier-Käse-Salat 58
  Gemüse-Linguine mit Kapern 96
**Kartoffeln**
  Bunte Kartoffelpfanne mit Ricotta 110
  Gemüse-Eintopf mit Semmelknödeln 22
  Kartoffel-Apfel-Gratin 112
  Kartöffelchen mit grüner Sauce 108
  Kartoffelcurry mit Kichererbsen 24
  Kartoffelpüfferchen mit Rahmspinat 116
  Kartoffelpürees (Blitzrezepte) 107
  Kartoffel-Tortilla mit Erbsen 112
  Kartoffelwaffeln mit Meerrettich-Quark 116
Kartoffelreibekuchen: Überbackene Rösti mit
  Champignons 120
Käse-Brattaler: Käse-Burger 70
Käse-Burger 70
Käsesauce, grüne (Blitzrezept) 89
Käse-Sticks: Paprika-Bulgur mit Frischkäse-
  Sticks 26
Kefir: Aprikosen-Kaltschale 128
Kerne-Mix: Austernpilze mit Kernen 36
**Kichererbsen**
  Bunte Kichererbsenpfanne 40
  Kartoffelcurry mit Kichererbsen 24
**Kidneybohnen**
  Pitataschen mit Kidneybohnen 74
  Rote-Bohnen-Eintopf 24
Kirschen: Orangen-Couscous mit Kirschen 130
Knuspermüsli mit Himbeeren 126
Kochtipps 7
**Kohlrabi**
  Kohlrabi-Carpaccio mit Räuchertofu 54
  Kohlrabi-Fritten mit Wasabi-Quark 76

Risi-Bisi-Reispfanne 44
**Kokosmilch**
  Kokos-Curry-Püree (Blitzrezept) 107
  Mango-Milchreis 130
  Süßkartoffel-Ragout 118
  Tagliatelle mit Kokos-Erdnuss-
    Sauce 102
  Tortelloni in Kokosbrühe 20
**Kokosraspel**
  Exotenpizza 138
  Mango-Milchreis 130
**Koriandergrün**
  Kohlrabi-Fritten mit Wasabi-Quark 76
  Mie-Nudeln mit Koriander-Pesto 102
Kornspitz mit Avocado 70
Kräuter-Knoblauch-Croûtons (Blitzrezept) 13
Kräuternudeln mit Tomaten-Pesto 94
Kräuterquark: Gemüsepüfferchen mit Kräuter-
  dip 42
**Kräuterseitlinge**
  Penne-Salat mit Tofu 64
  Rührei mit Kräuterseitlingen 82
**Kresse**
  Eier-Käse-Salat 58
  Gemüsepüfferchen mit Kräuterdip 42
  Kartöffelchen mit grüner Sauce 108
  Überbackener Ananas-Toast 78
**Kritharaki**
  Info 100
  Reisnudeln mit Zucchinii und Feta 100
Küchengeräte 7
Kürbis-Linsen-Eintopf 18

**L**
**Lauch**
  Gemüse-Linguine mit Kapern 96
  Pfannengemüse mit Spiegelei 34
  Liebstöckel: Gemüse-Eintopf mit Semmel-
    knödeln 22
**Limetten**
  Aprikosen-Kaltschale 128
  Asiatischer Glasnudelsalat 64
  Beeren-Crostini 132
  Kartoffelcurry mit Kichererbsen 24
  Kohlrabi-Fritten mit Wasabi-Quark 76
  Knuspermüsli mit Himbeeren 126
  Mango-Milchreis 130
  Mie-Nudeln mit Koriander-Pesto 102
  Reisnudeln mit Ei 46
  Rote-Bohnen-Eintopf 24
  Tagliatelle mit Kokos-Erdnuss-
    Sauce 102
  Tomaten-Chili-Suppe 14
**Linsen**
  Linsen-Couscous-Salat 62
  Linsen-Pasta Bolognese 92
  Kürbis-Linsen-Eintopf 18

## M

**Mais**
  Bohnensalat mit Mais 60
  Penne mit Mais-Tomaten-Sugo 92
  Pfannengemüse mit Spiegelei 34
  Rote-Bohnen-Eintopf 24
Makkaroni mit Gemüseragout 94
Mandel-Erdbeer-Trifle (Blitzrezept) 125
**Mandeln**
  Gebackener Feta mit Feigen 80
  Gefüllte Pfannkuchen mit Nektarinen 134
  Gemüse-Linguine mit Kapern 96
  Orangen-Couscous mit Kirschen 130
Mango-Milchreis 130
Mangold: Gemüseragout mit weißen
  Bohnen 26
Maultaschen mit Zwiebeln 42
Meerrettich: Rote-Bete-Salat mit Avocado 56
**Mie-Eiernudeln**
  Asia-Nudelpfanne 46
  Mie-Nudeln mit Koriander-Pesto 102
Minestrone mit Reis 18
**Minze**
  Asiatischer Glasnudelsalat 64
  Gemüsecouscous mit Nüssen 40
  Orangen-Couscous mit Kirschen 130
**Möhren**
  Gemüsepüfferchen mit Kräuterdip 42
  Gemüseragout mit weißen Bohnen 26
  Möhren-Rohkost mit Chilijoghurt 54
**Möhrenstreifen**
  Asiatischer Glasnudelsalat 64
  Tofu-Gemüse-Wok 38
  Überbackene Rösti 120
**Mozzarella**
  Backkartoffeln mit Pesto 120
  Penne mit Zuckerschoten 100

## N

Nektarinen: Gefüllte Pfannkuchen mit
  Nektarinen 134
Nudeln mit Spinat und Gorgonzolasauce 90
Nudelsaucen (Blitzrezepte) 89
**Nuss-Mix**
  Blitzrezept 33
  Gemüsecouscous mit Nüssen 40

## O

**Oliven**
  Grüner Spargelsalat 58
  Makkaroni mit Gemüseragout 94
  Pochierte Eier auf Tomaten-Chilisauce 84
  Reisnudeln mit Zucchinii und Feta 100
Omelett-Schnecken (Blitzrezept) 33
Orangen-Couscous mit Kirschen 130
Orangen-Gremolata (Blitzrezept) 13

## P/Q

**Paprikaschoten**
  Asia-Nudelpfanne 46
  Bunte Kichererbsenpfanne 40
  Gnocchi-Gemüse-Salat 62
  Kornspitz mit Avocado 70
  Paprika-Bulgur mit Frischkäse-
    Sticks 26
  Penne mit Zuckerschoten 100
  Pfannengemüse mit Spiegelei 34
  Salat mit Schafskäse 52
  Scamorza-Bagel 72
Pecorino: Spaghetti aglio e limone 90
Penne mit Mais-Tomaten-Sugo 92
Penne mit Zuckerschoten 100
Penne-Salat mit Tofu 64
Peperoni: Weiße-Bohnen-Salat mit
  Artischocken 60
Petersilien-Maronen-Dip (Blitzrezept) 69
**Pfannengemüse**
  Gemüsecouscous mit Nüssen 40
  Gyros-Gemüse mit Joghurtsauce 34
  Makkaroni mit Gemüseragout 94
  Pfannengemüse mit Spiegelei 34
**Pfannkuchen**
  Gefüllte Pfannkuchen mit Nektarinen 134
  Grundrezept 124
Pfifferlinge: Béchamelkartoffeln mit
  Pfifferlingen 118
Pfirsiche: Blitz-Crumble mit Pfirsichen 138
Pilzsuppe, Sahnige 16
**Pinienkerne**
  Aprikosen-Salat mit Honig-Dressing 52
  Bunte Kartoffelpfanne mit Ricotta 110
  Kräuternudeln mit Tomaten-Pesto 94
**Pistazien**
  Exotenpizza 138
  Knuspermüsli mit Himbeeren 126
  Orangen-Couscous mit Kirschen 130
  Pistazien-Pistou (Blitzrezept) 13
  Schupfnudeln mit Orangensauce 136
Pitataschen mit Kidneybohnen 74
Pizzasauce: Rote-Bohnen-Eintopf 24
Pizzateig: Halloumi-Pizza 78
Pochierte Eier auf Tomaten-Chilisauce 84
**Polenta**
  Polenta-Pilz-Suppe 14
  Ziegenkäse mit Polentakruste 80
**Pulbiber**
  Gemüse-Linguine mit Kapern 96
  Gyros-Gemüse mit Joghurtsauce 34
  Info 34
  Möhren-Rohkost mit Chilijoghurt 54
  Reisnudeln mit Zucchinii und Feta 100
Pumpernickeltaler: Heidelbeerquark-
  speise 128
Püree all'italiana (Blitzrezept) 107
Quarkküchlein mit Apfelmus 134

## R

Radieschen: Eier-Käse-Salat 58
Rahmspinat: Kartoffelpüfferchen mit
  Rahmspinat 116
**Räuchertofu**
  Kohlrabi-Carpaccio mit Räuchertofu 54
  Kürbis-Linsen-Eintopf 18
  Tofu-Wrap mit Ajvar 74
Reis: Minestrone mit Reis 18
Reisnudeln mit Ei 46
Reisnudeln mit Zucchinii und Feta 100
Rhabarber: Arme Ritter mit Rhabarber-
  kompott 132
**Ricotta**
  Auberginen-Tramezzini 72
  Bunte Kartoffelpfanne mit Ricotta 110
  Bunte Kichererbsenpfanne 40
  Farfalle mit Brokkolisauce 96
Risi-Bisi-Reispfanne 44
**Romanesco**
  Dinkelrisotto mit Romanesco 28
  Tagliatelle mit Kokos-Erdnuss-Sauce 102
**Römersalat**
  Pitataschen mit Kidneybohnen 74
  Salat mit Schafskäse 52
Rosenkohl-Gnocchi mit Gorgonzola 114
Rösti, Überbackene 120
Röstzwiebeln (Blitzrezept) 33
Rote-Bete-Salat mit Avocado 56
Rote-Bohnen-Topf 24
**Rucola**
  Grüner Spargelsalat 58
  Halloumi-Pizza 78
  Schupfnudelpfanne mit Pilzen 110
  Spaghetti aglio e limone 90
  Tofu-Wrap mit Ajvar 74
Rührei mit Kräuterseitlingen 82

## S

Safran: Gemüsepilaw 28
Sahnige Pilzsuppe 16
Salat mit Schafskäse 52
Salatmischung: Ziegenkäse mit Polenta-
  kruste 80
Salbei-Gnocchi 114
Sauerkraut-Topf mit Flädle 22
Scamorza-Bagel 72
**Schafskäse**
  Gebackener Feta mit Feigen 80
  Gyros-Gemüse mit Joghurtsauce 34
  Reisnudeln mit Zucchini und Feta 100
  Salat mit Schafskäse 52
  Weizen-Zucchini-Pfanne 44
**Schalotten**
  Béchamelkartoffeln mit Pfifferlingen 118
  Bohnensalat mit Mais 60
  Eier in grüner Sauce 84

Farfalle mit Brokkolisauce 96
Kohlrabi-Carpaccio mit Räuchertofu 54
Nudeln mit Spinat und Gorgonzolasauce 90
Paprika-Bulgur mit Frischkäse-Sticks 26
Pochierte Eier auf Tomaten-Chilisauce 84
Rosenkohl-Gnocchi mit Gorgonzola 114
Rote-Bete-Salat mit Avocado 56
Tofu-Gemüse-Wok 38
Schattenmorellen: Orangen-Couscous mit Kirschen 130

### Schokolade
Beeren-Crostini 132
Quarkküchlein mit Apfelmus 134
Vanillenudeln mit Erdbeeren 136
Schupfnudeln mit Orangensauce 136
Schupfnudelpfanne mit Pilzen 110
Semmelknödel: Gemüse-Eintopf mit Semmelknödeln 22
Senf-Vinaigrette (Blitzrezept) 51

### Sesamsamen
Brotchips-Salat 56
Möhren-Rohkost mit Chilijoghurt 54
Thai-Brokkoli mit Sesam-Tofu 38
Sherry: Tofu-Gemüse-Wok 38

### Shiitakepilze
Reisnudeln mit Ei 46
Tofu-Gemüse-Wok 38
Tortelloni in Kokosbrühe 20
Spaghetti aglio e limone 90

### Spargel, grüner
Asia-Nudelsuppe mit Tofu 20
Grüner Spargelsalat 58

### Spinat
Gemüsepilaw 28
Kartoffelpüfferchen mit Rahmspinat 116
Linsen-Couscous-Salat 62
Nudeln mit Spinat und Gorgonzolasauce 90
Spinat-Omelett aglio e olio 82

### Spitzkohl
Reisnudeln mit Ei 46
Spitzkohl-Ravioli 98

### Spitzpaprikaschoten
Grüner Gazpacho 16
Penne-Salat mit Tofu 64
Schupfnudelpfanne mit Pilzen 110

Staudensellerie: Linsen-Pasta Bolognese 92
Steinpilze: Polenta-Pilz-Suppe 14
Steinpilze, getrocknete: Sahnige Pilzsuppe 16

### Sultaninen
Gemüsepilaw 28
Orangen-Couscous mit Kirschen 130

### Suppengemüse
Gemüse-Eintopf mit Semmelknödeln 22
Minestrone mit Reis 18
Suppengrün: Polentasuppe mit Steinpilzen 14
Süßkartoffel-Ragout 118

## T/U

### Tagliatelle
Tagliatelle mit Kokos-Erdnuss-Sauce 102
Vanillenudeln mit Erdbeeren 136
Thai-Brokkoli mit Sesam-Tofu 38

### Toastbrot
Arme Ritter mit Rhabarberkompott 132
Grüner Gazpacho 16
Salat mit Schafskäse 52
Überbackener Ananas-Toast 78

### Tofu
Asia-Nudelsuppe mit Tofu 20
Penne-Salat mit Tofu 64
Thai-Brokkoli mit Sesam-Tofu 38
Tofu-Gemüse-Wok 38
Tofu-Wrap mit Ajvar 74

### Tomaten
Brotchips-Salat 56
Gratinierte Tomaten mit Oregano 76
Minestrone mit Reis 18
Tomaten-Chili-Suppe 14
Tomaten-Salsa, scharfe (Blitzrezept) 69
Tomatensauce mit Röstzwiebeln (Blitzrezept) 89
Toppings (Blitzrezepte) 33
Tortillas: Tofu-Wrap mit Ajvar 74
Tortelloni in Kokosbrühe 20
Tortelloni in Paprikasahne 98
Tropenfrüchte-Mischung: Exotenpizza 138
Überbackene Rösti mit Champignons 120
Überbackener Ananas-Toast 78

## V/W
Vanilleeis: Blitz-Crumble mit Pfirsichen 138
Vanillenudeln mit Erdbeeren 136
Vanillequark mit Trauben (Blitzrezept) 125
Vorräte 8

### Walnusskerne
Birnen-Cranberry-Müsli 126
Penne mit Zuckerschoten 100
Rote-Bete-Salat mit Avocado 56
Wasabi-Paste: Kohlrabi-Fritten mit Wasabi-Quark 76
Weiße-Bohnen-Salat mit Artischocken 60
Weizen-Zucchini-Pfanne 44

## Z
Zeitmanagement 7

### Ziegenfrischkäse
Bunte Kichererbsenpfanne 40
Ziegenkäse mit Polentakruste 80
Zitronen-Erbsensauce (Blitzrezept) 69
Zitronengras: Tortelloni in Kokosbrühe 20

### Zitronenmelisse
Aprikosen-Kaltschale 128
Schupfnudeln mit Orangensauce 136
Vanillenudeln mit Erdbeeren 136

### Zucchini
Bunte Kartoffelpfanne mit Ricotta 110
Gemüsepüfferchen mit Kräuterdip 42
Gnocchi-Gemüse-Salat 62
Reisnudeln mit Zucchini und Feta 100
Weizen-Zucchini-Pfanne 44

### Zuckerschoten
Asia-Nudelpfanne 46
Gemüse-Gröstl 108
Penne mit Zuckerschoten 100
Penne-Salat mit Tofu 64
Tofu-Gemüse-Wok 38

### Zwiebeln, rote
Gemüse-Gröstl 108
Maultaschen mit Zwiebeln 42

# IMPRESSUM

## Die Autorin

**Martina Kittler** ist Diplom-Oecotrophologin und hat ihre Leidenschaft fürs Kochen zum Beruf gemacht. Als freie Food-Journalistin und Kochbuch-Autorin versteht sie es, Genuss und gesunde Ernährung in moderne und familientaugliche Rezepte umsetzen. Für dieses Buch hat sie über 120 leckere vegetarische Gerichte entwickelt, die den Wunsch nach einer leichten Alltagsküche ohne Fleisch in Null-Komma-Nichts erfüllen.

## Der Fotograf

**Jörn Rynio** arbeitet als Fotograf in Hamburg. Zu seinen Auftraggebern gehören nationale und internationale Zeitschriften, Buchverlage und Werbeagenturen. Tatkräftig unterstützt wurde er von der Stylistin Michaela Suchy und den Foodstylistinnen Petra Speckmann und Antje Küthe.

## Bildnachweis

Alle Bilder Jörn Rynio, Hamburg; außer: Wolfgang Schard, Hamburg: Seite 2; Studio L'EVEQUE Tanya & Harry Bischof: Seite 7

**Syndication:**
www.jalag-syndication.de

Genehmigte Lizenzausgabe für Verlagsgruppe Weltbild GmbH, Steinerne Furt, 86167 Augsburg

Copyright der Originalausgabe © 2012 GRÄFE UND UNZER VERLAG GmbH, München

Alle Rechte vorbehalten

**Projektleitung:** Stefanie Poziombka
**Lektorat:** Adelheid Schmidt-Thomé
**Korrektorat:** Susanne Elbert
**Herstellung:** Christine Mahnecke
**Layout, Typogafie und Umschlaggestaltung:** independent Medien-Design, Horst Moser, München
**Satz:** Bernd Walser Buchproduktion, München
**Umschlaggestaltung:** Maria Seidel, atelier-seidel.de
**Titelfoto:** Jörn Rynio
**Titelbildrezept:** Überbackene Rösti, S. 120
**Reproduktion:** Longo AG, Bozen
**Druck:** Firmengruppe APPL, aprinta druck, Wemding
**Bindung:** m.appl, Wemding

Printed in the EU
978-3-8289-2831-2

2016   2015   2014
Die letzte Jahreszahl gibt die aktuelle Lizenzausgabe an.

Einkaufen im Internet:
*www.weltbild.de*